追寻亚瑟王的传说

〔法〕克罗迪娜·格罗特 著

〔法〕菲利普·芒奇 绘

程毓凝 译

人民文学出版社

PEOPLE'S LITERATURE PUBLISHING HOUSE

著作权合同登记：图字 01-2020-2198 号

Author：Claudine Glot, Illustrator：Philippe Munch

Sur les traces du roi Arthur

© Gallimard Jeunesse, Paris, 2009

图书在版编目（CIP）数据

追寻亚瑟王的足迹 /（法）克罗迪娜·格罗特著；
（法）菲利普·芒奇绘；程毓凝译. -- 北京：人民文学
出版社，2024. --（历史的足迹）. -- ISBN 978-7-02
-018860-4

Ⅰ. K561.29

中国国家版本馆 CIP 数据核字第 2024QS1634 号

责任编辑　卜艳冰　杨　芹
封面设计　汪佳诗

出版发行　人民文学出版社
社　　址　北京市朝内大街 166 号
邮政编码　100705

印　　制　安徽新华印刷股份有限公司
经　　销　全国新华书店等

字　　数　63 千字
开　　本　889 毫米 ×1194 毫米　1/32
印　　张　4
版　　次　2024 年 8 月北京第 1 版
印　　次　2024 年 8 月第 1 次印刷

书　　号　978-7-02-018860-4
定　　价　49.00 元

如有印装质量问题，请与本社图书销售中心调换。电话：010-65233595

目　录

亚瑟的诞生

阿摩里卡和布列塔尼岛正急需一位新君主。国王尤瑟·潘德拉贡已去世多月，王国内部混乱不堪，濒临灭亡。每个贵族领主都为所欲为，城市脱离了监管；每条大道上，领不到军饷的士兵和强盗沆瀣一气，掠夺过往行人和商人的财产。农民们连日哭诉自从国王逝世之后，土地就一直颗粒无收。连绵不断的雨水似乎也证实了他们的苦难。

公爵、伯爵和男爵们三番五次聚集在一起，商讨选择**潘德拉贡王位**继承人一事。他们各持己见，不少人对王位抱有野心，故而大家的意见难以统一。梅林的任性出走让一切变得更为复杂。要知道以往每当有困难的时候，博学的魔法师深沉高大的身影总是守护在尤瑟·潘德拉贡左右，用他的学识和拥有的神奇魔力辅佐国王。

早在暴君沃帝根统治时期，梅林就

阿摩里卡和布列塔尼岛：在欧洲古典时代和中世纪时期，布列塔尼由大小布列尼组成，分别是布列塔尼岛（即今天的大不列颠）和布列塔尼半岛（今属法国）。该半岛又称为阿摩里卡，意为海洋之国。

潘德拉贡王位：这里指布列塔尼的王位。"潘德拉贡"既是亚瑟父亲的头衔，也是他们家族的姓氏，在布列塔尼语中意为龙首。

已出现在布列塔尼岛上了。他帮助布列塔尼王国的合法继承人尤瑟及其兄长安布罗斯·奥雷利安纳斯从这残暴的君主手中夺回了他们的王国。兄弟两人请梅林担任他们的顾问，而他们身边的人试图挑唆（suō）两人警惕这个来路不明的魔法师。梅林可以随心所欲地改变自己的形态，神秘而古怪。于是，有些人说他是恶魔和一位圣洁少女所生的孩子；另一些人则声称他根本没有父亲，原因很简单，他从世界起源的那天就一直存在，而他也将以这样或那样的形态一直活到世界末日。两位王子对这些言论充耳不闻。

然而，众人翘首以盼的和平依然没有降临。安布罗斯刚上位几个月，沃帝根最后的几名残党就趁着梅林不在时将其毒害。魔法师回来时只来得及听他的临终遗言并为尤瑟加冕。

在潘德拉贡继位初始，梅林就事先警告过这位年轻人：

"我经常不得不离开这里。不要试图挽留我，也不要试图弄清我究竟去了哪里。我将是您的朋友和顾问，但永远不是您的仆人。我自己也曾是统治者，那是个遥远的时空，当时我已经是**先知和预言家**了。可之后到来的可怕战争使我失去了所有亲人。我痛不欲生，

先知和预言家： 先知通晓上帝或众神的话语，预言家则可以预知未来并揭露事件背后隐藏的真理。

几乎陷入了疯狂。我逃亡到了森林里，在那里得到了治愈。经年累月，我一直待在森林里，并通晓了这个世界的一些秘密。我和野猪说话，和一头年迈的狼成了同伴，我还骑在巨鹿身上率领它的鹿群。我远离王室，告别了财富和我的妻子——美丽的格温德琳。直至今日，我依然需要每年回几次森林。有时我会在那里和我的师长布莱斯重聚，把我经历的冒险讲述给他听，而他则会动笔把这些故事一一记录在宽大的羊皮纸上。"

尤瑟赏赐给他那位古怪的顾问一座高塔。没有人敢擅自前去拜访，曾有幸登上塔楼的人看见了塔内堆积成山的书籍、草药、小药瓶、小坩埚、鸟类的头颅和栖息在房梁上的那只大家都早已熟悉的猫头鹰。他们还会描述那里有来自世界各地的物品，闪闪发光、千奇百怪，有一袋袋的香料和装在匣子里的宝石。有人为这些东西的来历询问过魔法师。

"我能走遍世界各地，速度比这世上脾气最暴的烈马、最一帆风顺的船都要快。"他回答道，"我去过你们做梦都不敢想象的地方。那里的国王征询我的建议，可怜的人们向我寻求摆脱痛苦的良方。我从这些遥远的国度带回了一切可以用于增长我的学识或促进你们福祉

的东西。"

　　国王对梅林的随时消失早已司空见惯，王国很快恢复了秩序和繁荣，战争的伤痛也逐渐成了遥远的回忆，尤瑟已是布列塔尼人人爱戴的明君。一天傍晚，国王和魔法师正观赏着落日缓缓坠入浪花朵朵的大海，就在这时，落日的最后几缕余晖突然在天空中勾勒出一条燃烧的巨龙。两股金色的光芒从巨龙口中喷涌而出，其中一股直指北方，另一股则向西方延伸。

　　梅林率先开口。

　　"国王陛下，您刚刚见到的那是一个不可多得的好兆头：象征你们**世系**的龙出现在天空中，口中喷出的耀眼光芒预示着您儿子的命

世系：指一个人所属家族内的全部成员。

运——他将在北方之星和大熊星座的照耀下诞生；跨过天际的光芒已向您宣告了他统领的庞大疆域，他将是一位比您更加伟大的君主。"

尤瑟激动地听着梅林的话。

"但愿您所说的一切都是真的（听到这话，梅林皱了皱眉头）。为了庆祝您刚刚宣布的好消息，"尤瑟继续说道，"我会召见我的封臣，并请来我的盟友，让他们备好随行的车马，协同家人从布列塔尼隆重出行。我要举办舞会、庆典、**比武大赛**。宴会最后，我将从所有出身高贵的小姐中选出一位做我的妻子，她将成为我未来儿子的母亲。为了庆祝我们的婚礼，凡是我的金龙旗帜飘扬的

比武大赛：两名骑士骑在马上，遵循风雅的礼仪用长枪战斗。

地方，都将流淌着酒和金子汇成的河流。"

"高贵的决定。"梅林如此回答，脸上却丝毫没有笑容。

"愿上天如我所愿，"国王叹气道，"愿它能如我所愿。"

庆典精彩无比。贵族们和骑士们纷纷应邀参加了国王的宴会。美丽的贵妇们都精心打扮，让所有人的心为之荡漾。国王会选择哪一位呢？他的亲朋好友对此充满好奇。其实，尤瑟已深深爱上了**康沃尔**公爵夫人伊格莱因。

康沃尔：位于英国最西南端。

只有两个人猜到了国王的心思：一个是梅林，没有任何事能逃过他的眼睛；另一个是伊格莱因的丈夫格洛斯，他同时也是尤瑟·潘德拉贡最忠诚的盟友。

梅林太了解自己的君主了，根本懒得和他讲道理。他询问过的星星向他证实了，伊格莱因确实将是决定布列塔尼命运的一部分。尤瑟企图诱惑这位年轻的女士，但让他失望的是，公爵夫人将他送去的礼物一一退回，也拒绝了他的任何好意。最终在一天夜里，伊格莱因和格洛斯在没有通知任何人的情况下，带着他们的所有随从悄然离开了王宫。国王大声宣布自己受到了侮辱。

他召集自己的军队，出发包围了伊格莱因的藏身之处——**廷塔哲城堡**。几周后，尤瑟不得不面对现实：廷塔哲城堡建造在一个海角之上，只有一条狭窄的岩石通道与陆地相连，难以攻破；此外，城堡属于奇幻的魔法世界，一年两次，在**夏至和冬至**时，它会消失进入另一个世界。无论是财富、权力还是武力，都无法赢得伊格莱因的芳心，尤瑟决定向梅林的魔法寻求帮助。

廷塔哲城堡：建于13世纪，康沃尔北面现今还保留着廷塔哲城堡的遗迹。

夏至和冬至：一年中白昼时间最长和最短的两天，夏至为6月21日左右，冬至为12月21日左右。

魔法师躲在王族帐篷里避而不见，希望尤瑟能知难而退。

"您完全没有一个伟大君主应有的姿态。永远不要让您的激情战胜您的职责。您根本没有为世人树立良好的典范。您用这种方式背叛了一位如此忠心耿耿的盟友，人们知道后，还有谁会继续信任您呢？"

国王对他的话充耳不闻。梅林严肃地看着他。

"既然您心意已决，我也不再试图改变您的决定。命运既已注定，您将与伊格莱因共度良宵。作为对我的回报，您要把因这晚而诞生的孩子交给我。"

他停顿了片刻，接着用一种尤瑟从未听过的声音说：

"您要发誓，发誓从这孩子出生的那一刻起他就是我的。"

尤瑟刚许下誓言，就听见梅林念出了一长串咒语。国王感觉自己的头置于烟雾之中，视线也变得模糊不清了。站在他面前的已经不再是梅林，而是一名康沃尔的骑士。他听见梅林的声音再次响起：

"不要对此感到惊讶，尤瑟，您现在拥有了格洛斯的外貌，而我则扮成了他的**见习骑士**。我将骑马随您一起前往廷塔哲。您就对守卫说，您回来是为了和自己的妻子一起过夜。今晚是属于您的，但在第一缕阳光升起前，您必须离开公爵夫人的房间。我会在吊桥处等您。千万不要忘记让我用神秘的魔法帮您的代价：即将诞生的孩子是我的。"

见习骑士：侍奉骑士的年轻人，负责保养他的武器。

一切都按照梅林预先设定的计划进行着。伊格莱因对自己丈夫的来访并没有感到惊讶。当公爵和他的见习骑士在守卫们的致敬下离开城堡时，天空中的月光越发稀薄暗淡。他们在路上差点撞见伴着最先升起的几抹阳光赶来的一小支廷塔哲人马。两匹马驮着的担架上躺着格洛斯的尸体，他的胸口被一把长枪刺穿了。他在回城堡的路上中了埋伏，半夜里就死了。

尤瑟·潘德拉贡马上回到了伊格莱因的身边。经过几周的哀悼后，他把她娶为自己的王后。她向他承认自己已怀有身孕，并把自己丈夫死去的前一晚来拜访自己的事告诉了他。尤瑟向她坦白了真相，但没有提及自己向梅林许下的诺言。

孩子不久便降临人世，这个美丽的小男孩是布列塔尼王国最理想的继承人。梅林不知从哪儿得知了这个消息，立刻出现在王宫的门口把孩子带走了。尤瑟竭尽所能安慰王后，她已经有几个女儿了，其中最漂亮、最聪明的是年幼的摩根，而他们肯定还会有其他孩子的。关于这点他想错了，他们之后再也没有别的继承人。

王国上下，还有不少王公贵族依然拒绝臣服于尤瑟的权威。他们嫉妒他的好运，甚至对他的慷慨好施也感到厌恶，尽管他们从中获得了大量好处。他们最终决定让他遭到和他兄长安布罗斯一样的命运。毒药是由尤瑟最信赖的仆人下的。一连数日，尤瑟在痛苦中挣扎，无法对外公布自己已有一个继承人，只有梅林知道孩子的存在。尤瑟死后，伊格莱因离开了宫廷，远走他方。对那个一出生就失去下落的儿子的想念，让她痛苦难忍。但是要去哪里找他呢？又有谁会相信一个如此离奇的故事呢？

这样一来，王国便没有了国王。

森林

幽深、静谧、密不透风的森林，在中世纪具有很多经济价值。因而，王公贵族想方设法开发自己领地的森林，从中获取财富和享受娱乐。农民和僧侣则希望能够开垦森林，因为随着人口的增长，需要新的土地用于种植、畜牧和居住。

鹿科

布劳赛良德森林
即便是今天，我们依然可以参观布劳赛良德森林（坐落于小布列塔尼的潘蓬周围），还可以在无悔谷、巴朗东之泉或孔贝湖城堡等景点发现与圆桌骑士传说有关的印迹。

布劳赛良德森林

森民们

森林的子民
依赖森林谋生的人俗称森民。他们靠大自然的资源生存：他们会寻找蜂蜜或者收割野生蜜蜂的蜂蜡，通过收集树皮来制衣或者制作生活用品，靠采集树叶、浆果和蘑菇果腹或治疗疾病。一年中，他们总会在自己建造的林中小屋待上一段时间。

森林的财富
人类可以从森林中获取多种原始材料。伐木工砍树劈柴后，得到的木材可以供住宅、作坊和工房（打铁铺、玻璃厂、砖窑）燃烧，烧炭人同样把森林中的木材炼成煤炭。

熊科

"我和野猪说话，和一头年迈的狼成了同伴，我还骑在巨鹿身上率领它的鹿群。"

魔法世界

人们一直想象森林深处隐藏着诸如仙子、树精和水妖之类的灵异生物。森林里确实栖息着大量的野生动物，比如熊、狼、野猪，有时民间传说会把狮子也列入其中，甚至还认为里面住着龙。巫师和驯狼人——可以对动物发号施令的人——也躲藏在森林里，施展自己不可示人的能力。从这一点可以看出，森林不仅引人入胜，也同样让人恐惧害怕。

狩猎

在中世纪，人们会追捕熊和狼，因为这些野兽会对蓄养的羊群造成威胁。人们还会为了获取皮毛捕捉松鼠和貂，为了获取肉捕猎鹿科动物（雄鹿、狍子和牝鹿），并享受狩猎带来的愉悦。但是，打来的猎物属于森林的所有者。因此，只有领主们有权打猎。他们会骑上马，带着一群猎犬或经过训练的猎鹰出游。上流社会的贵妇们也会参与这项活动。而农民若偷猎，会遭到严刑处罚。

被王者之剑选中的君主

"这将是大小布列塔尼甚至王国之外的地方有史以来最盛大的比武大赛。国内所有的自由民都受到了邀请，而他们中的胜利者将成为我们的国王，这是王公们和主教们的决定。"

传令官骑着马奔走全国，上气不接下气地在城堡的围墙下、领主的宅邸附近、城市的广场上和乡间村落中不停喊话。

安托尔爵士朝传令官走去。

"从院子进到厨房去吧，给自己倒一壶大麦啤酒，再吃上一大块奶酪和面包。但在此之前，先告诉我比武大赛什么时候、在哪里举行。"

"在**温切斯特**，阁下，圣诞节当天！如果您想准时赶到，您就得抓紧时间上路了。"

安托尔立刻掉头往大厅赶去，他的庄园深掩于北境的迷雾中。

"凯！亚瑟！"他一边穿过院子一边大喊。

传令官：骑马的军官，负责传递消息和国王的谕旨。

温切斯特：曾是英国的首都。

过了一会儿，听到召唤的儿子们火急火燎地奔到他跟前。凯的个子很高，身体结实，他有着一头金红色的浓密头发，领先弟弟亚瑟几步奔过来。亚瑟小哥哥两到三岁，身材瘦弱。这个少年小心翼翼地靠近，一脸深思熟虑的样子，看上去甚至有些疑惑不解。这召唤来得突然，他当时还在整理头发，他觉得也许并不意味着会有好事。他们的父亲到底给他们准备了什么麻烦的差事呢？

　　"凯，我的儿子，幸运女神向我们抛出了橄榄枝。我们受到了邀请，要去温切斯特参加一场大型的比武大赛。我这把年纪已经不适合参赛了，但如果你表现得十

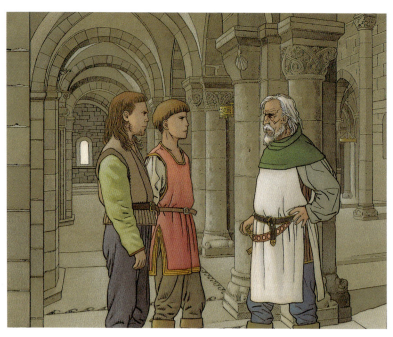

分英勇，你也许能成为未来国王身边的近臣。"

"什么未来国王？"

"这场比武大赛胜出的人会成为我们的国王。"

"那如果我赢了比武大赛呢？"

安托尔和亚瑟同时爆发一阵大笑。谦虚永远都不是凯的强项。

"先光明正大地和别人比试吧，"这位年迈的爵士回答，"这样你就能成为一名骑士。到那时，你才能让自己和弟弟都飞黄腾达。"

凯犹豫了片刻，能去宫廷这一计划太激动人心了。

"我们什么时候出发呢？我的武器对这样一场盛会来说够格吗？谁来做我的见习骑士呢？我们需要准备多少匹马呢？我还没有宴会上穿的**锦缎**上衣和毛皮包边外套。我要去请盔甲师帮我打一顶镀金的新**头盔**。我要成为最漂亮的那个。到时候会有年轻姑娘吗？还有……"

> **锦缎：**东方出产的名贵丝绸。
>
> **头盔：**中世纪盔甲中保护头部的帽子。

"冷静点！"父亲打断了他的话，"三天后的清晨，我们就离开城堡，会有两名男仆以及我的见习骑士和我们一起出发。在此之前，你都要跟着武术师傅训练。亚瑟也要锻炼自己。我会亲自挑选我们的马匹和武器。至于衣物，我们去那儿之后再买几件漂亮的**袍子**，那种最新流行的法国款式。”

对两个急于探索世界的年轻人来说，漫长的旅途很快就过去了。在一个白雪皑皑的早晨，温切斯特出现在了他们眼前：雄伟的城墙、无穷无尽的屋顶、高塔和钟楼，装满货物的马车进进出出，一组组士兵在城里巡逻，身着华服的骑士朝着各个城门策马奔驰，他们穿在斗篷和毛皮上衣里的盔甲闪闪发光。

男人们朝着他们的营地骑马而去，一路上只围绕着一个话题讨论。昨天清晨，一把插在一块红色石头中的剑奇迹地出现在大教堂和比武大赛的场地中间。“这把剑通体雪亮，剑身笔直，如同**大天使**一般闪烁着耀眼的光芒，剑的名字用优美的字体刻在了剑身上，仿佛出自地下国度的哪位**矮人**之手。”

“这是精灵的名字，听上去如同预示着胜利的命运：**王者之剑**。”

“这名字出自我们古老的语言！”

“它只属于一个人，而那个人将会是我们的国王。”

“我们怎么才能知道那人是谁呢？”

袍子：在 12 世纪至 13 世纪，男性和女性都会穿着袍子。

大天使：西方神话中的高阶天使。

矮人：西方神话中最善于铸造的种族，居住于地下洞穴中。

王者之剑：亚瑟王的剑，名字来源于威尔士语。

"剑插入的石头上刻着一行金字："只有真正的国王才能把剑从坚石中拨出。"从昨天开始，已经有两百多人试着拔剑了，但所有人都失败了，就算是出生最高贵的、最孔武有力的人也没成功。"

这个故事让凯来了兴致，而亚瑟在他后面骑行，被周遭的喧嚣声分散了注意力，没有听到这些谈话。

安托尔很明智地做了决定，特意向**比武报备官**介绍了自己，并报名参加比武大赛，之后支起了帐篷开始给凯装备武器。

比武报备官: 负责比武大赛相关工作的官员。

当宣告第一场比武开始的喇叭吹响时，安托尔正在比武场的边上，凯则坐在马上等着弟弟为自己**佩剑**。在帐篷里，亚瑟愣在原地一动不动，心中预感大难临头——他怎么也找不到兄长的剑。他不可能把剑落在家里的。他翻箱倒柜，焦躁不安，还掀开地毯和毛皮衣服寻找。怎么告诉凯这个不幸的消息呢？他宁可找个地缝钻进去。他真是没有资格做一个骑士。他只好跑向隔壁的帐篷，期望有谁能借他一把武器。但所有的帐篷都空空如也。

佩剑：用一条皮带把剑固定在腰部。

忽然，一道光芒吸引了他的视线。在微弱的阳光下，一把剑熠熠生辉。奇怪的是，这把剑插在了石块中。亚瑟缓缓地走了过去。他周围的一切瞬间寂静无声。他轻柔地把手放在镀金的剑柄上，金属在他的手心微微发热。当他把手指合拢时，一股热浪涌上了他的手臂，剑似乎和他合为一体了，仿佛一直以来就是如此。他平静地把这件兵器从岩石中抽出，没有遇到任何阻力，剑身乖乖地从石块中滑了出来。年轻人把它举向太阳，无声地笑着。

他的四周突然爆发出一阵阵欢呼声，而且越来越多的人从四面八方拥来。

"我们有国王了！终止比武大赛！王者之剑选出了

我们的君主！快来看这奇迹！这一定是上天显灵，我们获救了，王国将重获新生。"

亚瑟从自己的兴奋中惊醒，握在他手中的剑的的确确是真实的。王者之剑闪烁着光芒，而在他眼前，人们纷纷跪下。安托尔和凯位于第一排，两人同样跪在地上注视着他，眼中噙满了泪水。正当亚瑟要请他们起身时，人群中又爆发出了另一种喊声。

"这是背叛！是**卑鄙**之举！侍从，赶紧放下这把剑！你永远不会是我们的国王！你不配做我们的国王！北方来的乡巴佬，你哪里高贵了？"

> **卑鄙**：可耻且不高尚的行为。

王公们和大贵族们脚踏马镫，把亚瑟团团围住。这个年轻人面对此番指责毫无惧色，仍然保持镇定，只是用手紧紧地握住剑。

突然，四周又恢复了宁静，人群自动分开，贵族们看到一位黑衣人走上前来，便纷纷闭上了嘴。来者手持一把雕刻精美的手杖，笔直向亚瑟大步走去。

"梅林！"来自卡米利亚德的一位贵族，名叫雷欧德格朗，喊道，"我们已经等了你好几个月，为何你现在又出洞了？"

"为了维护正义，说明真相，为了像我之前那样辅佐国王，为了让和平再次降临这个国家。"

"请把话说明白点。"奥克尼国王洛特的兄弟尤里安回复说。

　　"我来此，是为了向你们所有人宣布，剑已经选出了真正的国王。他的名字叫亚瑟，而我目睹了他的出生。我在此声明，他是尤瑟·潘德拉贡和伊格莱因王后之子。"

　　"谎话连篇！"尤里安愤怒地咆哮，"这个侍从的父亲分明是安托尔。"

　　"并不是！"

　　在一片混乱的喧嚣声中，安托尔的声音响起了，掷地有声，清清楚楚。

　　"这个男孩并不是我的儿子，尽管我对他和凯一视同仁。梅林把他托付给我们时，他才几周大。梅林没有向我

们透露这个婴儿的身世，只是让我们把他当成自己的孩子养大。我的妻子和我听从了他的吩咐，没有跟任何人说起过这个秘密。有时梅林会来看望孩子，之后他就会离开。"

聚集在一起的贵族们已经爆发激烈的争吵了。一帮人支持亚瑟成为新国王，另一帮人拒绝接受。

梅林注视着年轻人的眼睛。

"亚瑟，你愿意接受这个四分五裂的贫困的王国和这群不支持你的骑士吗？你是否也愿意接受召集众人、恢复和平的使命？是否愿意牺牲自己无忧无虑的少年时光？你是否有志成为这片疆域之内所有人的国王？"

"这一切，我都接受，是的，我接受。"

他的声音没有丝毫颤抖。

母亲和婴儿

童年

在中世纪，童年分成两个阶段。第一个阶段为孩童期，从出生直到七岁，接下来是少年时期，一直持续到十五岁。紧接着步入青春期，那时才能享有成年人的权利，并承担义务：结婚、战斗、管理家族产业、统治属民。

手持球板的骑马儿童

婴儿死亡率

当时的妇女会生育很多孩子，不过三分之一的孩子活不到青春期，因为幼儿易得的疾病通常十分致命。

乳儿

指吃奶的孩子。出身卑微的妇女会自己给孩子哺乳，而贵夫人们则会把孩子交给奶妈。

母亲的职责

母亲要负责孩子最初的教育：如何祈祷、学习宗教史，有时会教拉丁语。母亲还会教育孩子如何为人处世。七岁时，孩子会脱离母亲的保护（或是离开女性的房间）。

游戏

陀螺、木马、小兽骨、木偶，还有躲猫猫、蒙眼捉人、跳山羊和各种球类游戏都是孩子们的玩耍方式。下棋这项可以锻炼思考和战术意识的活动，则是君主教育的一部分。

一个修士教孩子们读书

"先光明正大地和别人比试吧，这样你就能成为一名骑士。到那时，你才能让自己和弟弟都飞黄腾达。"

马术课

教育

在过完七岁生日后，贵族家庭的男孩就要加入男子团体。他们会跟随自己的父亲或者兄长学习骑马。之后，他们会成为一位兄长或亲戚的侍从。十六岁之后，他们有资格佩带武器成为骑士。女孩们则学习如何管理家政。比起她们的兄弟，女孩们往往更多学习读书写字、计算账目、治疗疾病和包扎伤口，她们还学习绣花、缝纫、音乐和舞蹈。

国王的职责

亚瑟常常会问自己，自他成为布列塔尼国王的那天起，已经过去三年了，若不是梅林在他身边辅佐，他是否能通过这三年来种种艰险的考验呢？

那天晚上，决定跟随新王的人们在欢庆国王的**登基**，梅林则把这个年轻人带入了宫殿。让人惊

登基：获得王权。

讶的是，亚瑟如同回家一般，镇定自若、昂首挺胸地走了进去。梅林赞许地看着他。两人关在了一间私密的小书房里秘密谈话。

"你想知道关于你出生的秘密？"魔法师询问，"还是说，你更希望我能教你国王的职责？"

"这些秘密已经沉睡了多年，就让它们继续沉默下去吧。请快教我如何做一个国王！门外有那么多人在等着我，他们才见我第一眼就给予了我极大的信任；而那些不愿看到我出现的人此刻也聚集在一起，他们的人数还会不断增长。我必须向所有人证明自己。现在我已经拔出了石中剑，我的命运既让我感到兴奋又让我害怕。"

梅林请年轻人放心，只要有必要，他会全程陪着他学习为王之道。这天晚上，梅林只是简单地重复道：

"要公正、勇敢、慷慨，时刻牢记这点，你就能成为臣民、上帝和仙子们期待看到的一国之君。"

得知这世上有仙子存在，亚瑟感到震惊，但魔法师向他保证，只要时机一到，他自然会理解这一切。在回去和骑士们一起宴饮前，梅林告诉亚瑟，几天之后，接到信使消息的伊格莱因会带着自己的三个女儿，也就是亚瑟同母异父的姐姐们，以及他的外甥们来和他会面。

第二天，亚瑟刚起床就来到了议事大厅。他一进门，十二名穿着庄严的大贵族立即起身。他们面前的盒子里都盛放着一个闪烁的奇珍异宝，有黄金、钻石、宝石和珍珠。他们中最年长的那位朝国王走去。

"请收下这些珍宝，这象征着我们对您的敬意和**效忠**，您在战斗和恢复这个国家的秩序时会用得着。让这些**贡品**帮助您赢得胜利，就像我们的剑会协助您一样。"

亚瑟看了一眼梅林。魔法师交叉的双手藏在宽大的袖子下，低头坐着，并不抬起眼睛看他。于是国王开口道：

效忠： 当一名骑士向一位君主发誓为他效劳时，通常会向君主表示效忠。

贡品： 为了参与某项共同的行动而自发上贡钱财或纳税。

"各位领主，我要感谢你们所有人。这份礼物让我感动，可是如果我占有了臣民的财富，那我就不配做一个国王了。亚瑟的王国就像尤瑟·潘德拉贡的王国一样，国王必须分配财富，而我一定会履行这一职责。我会赐予你们金银珠宝，我只要求你们把其中的十分之一赠给王国里的苦劳大众。"

长者感谢了国王的慷慨和仁慈，其余的贵族也深深地鞠了一躬。

"我们还想向您提出一个请求。您的父亲尤瑟国王在他的统治时期赏赐了我们领地和爵位，如今您接替了他的王位，那么您是否承认我们的头衔，并让我们保留自己的领地呢？"

亚瑟感到所有人都警惕地等候着他的回答。梅林全程都微笑着，一声不吭地坐在他的石头板凳上。亚瑟在心里埋怨，他有一个多么出色的哑巴顾问啊！然而，当他开口回答时，立即发觉自己的话听起来十分公正：

"尽管拔出石中剑意味着我会成为国王，但如果我没有在温切斯特大教堂加冕，我就无权授予你们头衔和领地。阁下们，请告诉我你们的建议，我该何时举行加冕礼呢？"

整整一天，城里到处传颂着对国王的称赞。到了晚上，一百多位骑士出现在了王宫的暗道前，他们发誓效忠年轻的国王。国王盛情款待了他们，为他们提供毛皮外套，还请他们享用放了香料的热红酒、野猪肉制成的肉酱和一只只肥美的烤禽。

加冕礼于一月底举行。金银饰品和铁制的盔甲在冬日的阳光下闪闪发光。站在亚瑟身旁的有伊格莱因和她的女儿们、安托尔和凯，以及亚瑟的外甥高汶。亚瑟的英俊外貌吸引了所有人的目光。

但天下没有不散的宴席。年轻国王的敌人们从未放下武器，他们正为战争做准备，自以为能一战即胜。亚瑟召集了自己的人马向西北方向进军，梅林也陪在他身旁。三天后，敌军的帐篷出现在了他们的视野里。国王下令就地扎营，之后把军官们召集到自己的营帐。

亚瑟俯身看着一张巨大的地图，向大家解释自己为明天准备的作战计划。一旁，高汶、凯和贝狄威尔在小声争论着什么，完全没有听国王说的话。每个人都认为高举**王族旗帜**的荣誉应当属于自己。帐篷的门帘突然掀开了，一个身穿白衣的陌生人在两头白色猎犬的带领下走了进来，他的臂弯里

夹着一把金子制成的竖琴。显然这是一位盲乐师。他来到国王的面前，请他给自己一个恩典。根据习俗，这类请愿通常不容拒绝。竖琴师说，他希望能被选为接下来那场战斗的旗手。国王不想令他失望，但他不得不向陌生人表示这件事根本不可能。男人转身离开了。他刚踏出帐篷，一个衣着破烂、浑身是泥、散发着羊圈气味的孩子就跑了进来，扑在国王的脚边，同样恳求国王让自己来担任旗手。国王马上命人给他洗个澡，喂他吃一碗热汤，然后派人把他送回村子，并给了他一些金币。孩子离开时还在抗议。魔法师梅林站在国王面前，斩钉截铁地宣布，潘德拉贡家族的旗帜——印着喷出火焰和烟雾的龙的旗帜——只有他才能举起，骑士们一个个瞪大了眼。

国王的笑声打破了沉默。

"之前的竖琴师和小羊倌都是您扮的！我早该猜到

了。但为什么要这些小把戏呢？"

"您出色的军官们只想着个人的荣誉，"梅林指着凯、高汶和贝狄威尔说，"问问他们，您发布的关于战斗的命令，他们有没有听进去一个字。他们并不比想要参战的盲乐师和无知的放羊娃明智多少。"

战争马上打响了。亚瑟像狮子一样奋勇抗战。他印着金龙的头盔在阳光下闪着耀眼的光芒，王者之剑也在混战中大放异彩。好几次他都遭到了敌方的围攻，但他不断挥剑，向敌人削去，敌军围城的人墙逐渐退散。他的马儿格林加莱以惊人的速度冲破了敌人的防线，如同一道金光在战场上驰骋，令胜利屈服于他。高汶也表现得比往常更勇猛，常常以一敌众。三小时过去了，敌方士兵纷纷投降，敌军的统帅尤里安双膝跪地请求国王的宽恕。

"我之前认为您太过年轻，我也不相信梅林的智慧，但今日所见让我意识到，您就是我们所有人都需要的那个英雄。您和您的父亲尤瑟一样勇敢果断，如果您愿意让我成为您的骑士，我将为能侍奉您而感到自豪。"

尤里安是领主，有自己的领地，亚瑟知道这点。他扶他起身，并张开双臂拥抱了他。在平原上，两边阵营的士兵都欢呼着，在正午的骄阳下挥舞着手中的剑。

　　尤里安臣服后，年轻国王出征的脚步踏遍了整个王国。先是打了几场战役，都迅速获得了胜利；接着各地又发生了几场小规模的武装冲突，企图进行最后一波起义。终于有一天，天气晴朗，最后几个反叛者来到王宫，向国王宣誓自己的忠诚。战争的时代宣告结束了。

　　"梅林，我同样也是带来繁荣和财富的国王。我已经展现了我的勇气，现在我会表现我的慷慨大度。我们已经打了够多的仗，现在我们要重建家园。和平的年代在向我们招手，我们将兴建城市、村庄和城堡，我的宫廷会如太阳般吸引着世界上最美好的东西。我要成为最优秀的君主。"

　　"亚瑟，最优秀的君主不能是一位孤军奋战的君主，最优秀的君主身旁需要一位最杰出的王后。"

中世纪的国王

国王属于某一支特定的血脉，也只有该血统的成员可以行使王室职权。最初，国王都是从最优秀的骑士中挑选而出的。但是在法国，从公元 987 年起的两百多年里，卡佩王朝的国王们（休·卡佩的后裔）让儿子继承自己的王位，这标志着法国君权世袭制度的建立。

正义

国王要严格确保正义的执行。他会在顾问们的帮助下为国家修订法令。有些国王，比如圣路易（卡佩王朝路易九世），会亲自伸张正义。

圣油礼

国王加冕的宗教仪式被称为圣油礼。一旦涂抹了圣油，国王就成了上帝在尘世的代理人，并发誓在任何情况下都会维持正义、保护教会。正如耶稣基督独自掌管天堂，国王也独自统治自己的王国。在举行圣油礼时，法国的国王们会在身上涂抹圣油瓶里的油膏。传说，这个小玻璃瓶是当年法兰克王国奠基人克洛维一世加冕时，由象征圣灵的白鸽带来的。因此，法国国王们持有君权神授的观念，坚信自己是由上帝指派的君主。所以那时的人们还相信，国王拥有把手放在患者身上以治愈某些疾病的能力。

查理五世加冕礼

军事首领

在战争时期，国王会召集王室军队，除了他自己的队伍，封臣们也会带领自己的部队加入。国王会亲自制定作战计划，并率领军队出战。有时国王也会在战场上丧命或者成为敌人的俘虏。

占领城市

> "要公正、勇敢、慷慨，时刻牢记这点，你就能成为臣民、上帝和仙子们期待看到的一国之君。"
>
> 法国国王的正义之手杖

神圣罗马帝国王冠

王冠和宝剑

在举行圣油礼和其他重大典礼时，国王都会佩戴象征王权的物品：王冠、宝剑和正义之手杖。这些物品也会绘在有国王肖像的纪念物和奖章上。王冠象征上帝对他们的祝福，正义之手杖时刻提醒国王注意言行举止，对待子民应公正不偏。

法国国王登基时的佩剑（又称查理曼大帝之剑）

黑总管

布列塔尼的秩序重新回到了正轨。周围的领主们纷纷和亚瑟重新结盟。作为回报，亚瑟也对他们施以恩惠、荣耀、财富和保护。严酷的军旅生活和权力带来的孤独让国王迅速成熟了，他不再是当初刚被王者之剑选中的那个英俊少年，已脱胎换骨成了一位身材高挑、沉默寡言、言行审慎的男子。看着他处理各项王室事宜的身影，人们常常忘记他不过二十岁出头。

梅林不像之前那样频繁出入宫廷了。据消息灵通的人说，小布列塔尼的布劳赛良德森林成了他情有独钟的归隐之所。国王知道，有一位少女——一位精灵公主——成了梅林的学生。

"她叫薇薇安，"梅林向他坦言道，"对我而言，她就如水之于土壤一般不可或缺。她既是我的知己，也是我的学生，唯有她可以领悟我的学识，就像您的姐姐摩根曾经年少时，跟着我在康沃尔学习那样。但薇薇安无法离开小布列塔尼的那片森林，自出生起她就被魔法困在了森林中。所以，我一有机会就去那里看她。不要为我的离开感到遗憾，您已经不需要我的建议了。"

有一天，宫廷上下簇拥在国王周围，梅林也在场，人们看见三位骑着白色木马的年轻女子从天边的森林走来。她们按照骑士的方式，坐在自己的坐骑上进入了国王的议事大厅。三人都身着一袭宽松的丝质白裙，裙子镶着金边和珍珠，勾勒着她们的胳膊、头颈和小腿的线条。她们绚丽的秀发没有像当时流行的那样紧紧地束在发网里，而是任由这些银色、金色和红色的发丝自由地在身后摇曳。亚瑟对她们感到着迷，目不转睛地盯着她们看。梅林开口道：

"陛下，我之前向您预言过，如果您遵循我的建议，合理地行使自己的权力，您就会受到上帝和仙子们的喜爱。上帝已经向您证明了他的垂怜。现在，**另一世界**的女士们，也就是你们人类所谓的仙子，前来与您结盟。"

另一世界： 在凯尔特传说中，另一世界是充斥着魔法的灵异世界，与我们的世界十分接近，只要穿过结界，就可以任意往来两个世界。

三人中地位最高的那位首先上前。她向前伸开的双手捧着一把绸缎和皮革制成的剑鞘，上面还饰有黄金和绿宝石。

"没有人能比您更好地捍卫骑士之道、妇女的尊严和奇幻世界的森林。为此，您称得上是最受仙子们爱戴的国王。为了表达我们的敬意，请您收下与王者之剑这把具有魔力的宝剑匹配的剑鞘。宝剑的剑身对您而言极为珍贵，而剑鞘则更珍贵一百倍。只要您佩戴着它，就没有任何武器能让您流血。"

宫廷上下鸦雀无声，国王在众人敬佩的目光中接过了仙子们的礼物。突然，响起一阵私语，一个浑身没有半点精灵气息的信使闯了进来。他满脸倦容，身上的斗篷布满了灰尘，显然经历了漫长而艰辛的旅程。

"陛下，我侍奉的夫人弗洛尔和她的母亲，也就是我们的女王向您求助，请派一位你们的骑士来做她们的捍卫者，将她们从黑**总管**的手中解救出来。"

亚瑟认出了绣在信使斗篷上的纹章。

"你是替美丽的弗洛尔·德蒙前来传信的吗？她父亲两年来一直和我并肩战斗，英勇无比。她遭遇了什么？"

总管： 国王的重要官员，负责宫廷的日常管理工作。

"她的总管用毒药和魔法谋害了她，然后又将夫人们囚禁起来。有二十四位骑士试图为她们复仇，但所有人都在寻找黑总管的途中失踪了。"

王座下方的骑士们互相推搡（sǎng）了起来，争先恐后地要求为美丽的弗洛尔而战。国王用一句话终止了这场混乱：

"从明天起，我就启程前往**德蒙王国**。对我而言，这将是我近期的最后一场冒险。我将遵循我们的习俗，独自完成这项使命。"

德蒙王国：圆桌骑士传奇故事中出现的幻想国度之一。

亚瑟在日落时赶到了德蒙王国。悲痛的氛围笼罩着整个国家。王后之前已向他传递消息说，一位神秘的信使会在晚上来找他，然后带他前去与总管对峙。她像之前接待其他骑士一样，也为他准备了两匹马，一匹作为坐骑，另一匹用来搬运口粮、武器和被褥。临近午夜时，果然有人前来呼唤国王。让他惊讶的是，城堡的院墙里等待他的是一头白色的雄鹿，红色的鹿头上装饰着精致的金色鹿角。整整三晚，国王一直跟在它后头穿过幽深的森林。白天，雄鹿在最黝黑的树荫下入睡，国王也睡在它的身边。第四晚，雄鹿突然消失在一座雄伟城堡的废墟中。过了一会儿，一个身穿白袍的老人从城墙的废墟中走出。在月光下，他的面孔让亚瑟觉得十分眼熟。

"您认出我了吗？我是德蒙国王，或者说应该是他的鬼魂。唯有黑总管的死才能让我得到永恒的安宁。如果您想帮我，就要一字不差地遵守我的忠告。在这片废墟之后有一片宽阔的林中空地，在空地边上屹立着一棵参天大树。您要坐在树下等待黎明的到来，但一刻都不能离开树的阴影。等到第一缕晨光开始照耀，您穿过空地就能找到前往总管城堡的路了。再见，我无权再透露更多了。"

等到夜晚逝去近四分之三，坐在树下的国王眼前突然出现了一群侍从、贵妇、乐师，接着是十二位骑士。林间空地开始举办一场华丽的比武大赛。那些骑士多次停下战斗，呼唤道：

"亚瑟王，快来加入我们。我们知道你在这儿，莫非你是个怕死的战士，所以才不敢和我们比武吗？"

其中一些人甚至开始大声嘲笑国王的**怯懦**（qiè nuò）。亚瑟牢牢记住德蒙国王的忠告，一动也

怯懦：胆小软弱。

不动。

第一轮比武结束后，又有十二位骑士进入比武场。这次的战斗氛围骤变，每一位新来的骑士都试图刺伤甚至杀死对手。男子们摔倒在地，发出痛苦的惨叫，战斗变得越来越残酷。战场两边纷纷传来了求救声：

"亚瑟王，不要抛下我们，快来保护我们。只有你，以及你那无与伦比的王者之剑，才能拯救我们！"

这些呼救声凄厉惨绝，国王于心不忍，不禁站起身去解马绳。此时鲜血已染红整片草地。国王跨上马鞍准备前行，就在要让坐骑迈出树冠阴影的那一刻，他听见了一只云雀的叫声，抬头望向东边太阳初升的微弱光芒，鸟儿的歌声是从那儿传来的。接着他又把视线转向了草地，那些战士显得不再精力充沛，动作也逐渐迟缓，身体竟离奇地变得透明。云雀依然在歌唱，太阳开始照亮地平线。国王看着草地，不敢相信自己的眼睛，哪里还有什么骑士、贵妇，草地上也没有一滴血。在耀眼的阳光下，国王穿过了空地，顺利抵达了坐落在森林中央的黑总管的城堡。黑总管坚信自己的鬼魂骑士们可以保护自己的安危，所以没有做好迎战亚瑟王的准备。亚瑟愤怒地用斧子和宝剑攻击他，把这叛徒的邪恶灵魂送去见恶魔了。随后，他回到德蒙城堡，在那儿，弗洛尔和她的母亲正恭候他的归来。接下来的庆典上，不止一位宾客认为弗洛尔将是一位完美的王后。

然而几天后，亚瑟再次出发了。他答应过会前去拜访他最初的盟友——卡米利亚德年迈的领主雷欧德格朗。这位领主有一个女儿，人们纷纷传颂她超凡脱俗的美貌和高贵的品德，骑士们也对她的勇气表示钦佩。要知道，她曾跟随自己的父亲出入战场，用植物为原料的秘制香膏来治疗伤者。在与她相遇后，凯和高汶几乎都迷失了自我，一个胃口全无，另一个辗转难眠。

安托尔多次主张让亚瑟结识这位美丽的桂妮维亚公主，但梅林对此罕见地表现出犹豫不决，总是编造各种理由阻止亚瑟与这位少女相逢。

当步入雷欧德格朗的城堡大厅时，年轻的国王开始咒骂自己为何等到现在才来。他曾幻想能拥有一位理想的王后，但深觉世上没有这样完美的女子，然而，眼前的女子比他的任何幻想都要完美。雷欧德格朗请他入座时，他什么也没听见，只注视着桂妮维亚浓密的金色长辫和美丽动人的脸庞，仿佛已经看到她身着金色披风、头戴红宝石王冠，坐在自己的王座旁。

坚固的城堡

城堡最早具有军事功能，保护君主及其家人，阻挡敌方部队。它同时也是权力的所在地，人们在那里制定决策或是寻求公正和庇护。

查理二世的晚宴

"当步入雷欧德格朗的城堡大厅时，年轻的国王开始咒骂自己为何等到现在才来。"

城堡主塔

君主及其家人居住在主塔里。位于一楼的大厅用于接见来访者和办理朝政，君主在那里伸张正义。更高一点的楼层是君主一家以及宾客们的卧室，再往上的楼层则是仆人们的房间。在遇到袭击时，主塔就成了最后的避难所，也是城堡中最容易防卫的建筑。

家具

家具的品种并不多，在 12 世纪和 13 世纪，主要的家具是椅子、大床、放置衣物的柜子，还有起到装饰作用并且能够御寒的地毯和壁炉。在用餐时，人们会把桌板放到支架上。

饰有比武场景的柜子

防卫设施

外墙②由壕沟③或者护城河保护。外墙的城墙，是两个碉堡之间的护墙，上面开着一扇扇小门或暗道。大门④同样由塔楼⑤保护，通过吊桥⑥可以关闭大门。

多佛尔城堡，位于英国肯特

贵夫人站在城堡主塔上等候自己的君主得胜归来

城堡的居住者

矮院⑦坐落于最外围的两圈城墙间，有各种手工作坊、水井、储藏室和谷仓、工匠和侍从们的住宅、牲畜棚。高院⑧里则包含了马厩、厨房。部队也驻扎在这里，还有领主的礼拜堂。规模较大的城堡可以庇护大型村落的全部人口，在战争年代，村民们会躲进城堡避难，使城堡内的人口增加。

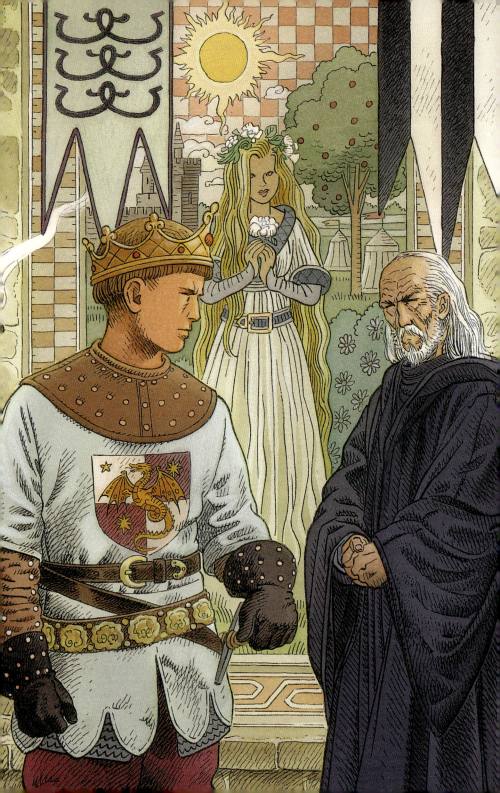

摩根

　　国王宣布六个月后将与桂妮维亚举行婚礼，全国四处都将举办盛大的庆典和宴会，好让每位宾客都能分享他的快乐。信使带着邀请函出发了，前往那些位置最为偏僻的城堡。宫廷内的仆人们大张旗鼓地忙碌起来，贵妇们购置长裙，骑士们订制游行穿的盔甲，画师们为宫殿和未来的王室寝宫绘制装饰用的精美壁画。亚瑟的脑子里涌出数不胜数的计划，要修建道路、桥梁、城堡、教堂，要开垦耕种新的田地，还要派遣使者前去和异国君主们交涉。待桂妮维亚到来时，呈现在她面前的应是最完美的国家。

　　梅林不知怎的获得了这个消息，从他隐居的遥远森林回到了宫廷，却丝毫没有被这欢腾的氛围感染。当国王有需要时，他会为他出谋划策，可每当国王谈起自己的婚礼，他却转过头毫不理睬。梅林的这种态度让亚瑟大吃一惊。一天，他派人把梅林请来自己的寝宫。在墙上，一幅雄伟的大型壁画绘有桂妮维亚的肖像，她身着绿色长裙，头戴花冠，头发披散开来。

"我感受到了您对我未来配偶的敌意，可您明明是第一个建议我结婚的人。"

"劝您结婚是千真万确，但我从来没有建议您娶桂妮维亚公主。"

"可您常向我夸耀和卡米利亚德联盟的好处。"

"那是在战争时期，现在战斗结束了。如果您真的愿意听取我的意见……"

"可我出发时您并不在，而我也没有料到会在半路遇到我未来的妻子。但您尽可放心，桂妮维亚将会是一位大有作为的王后。她既坚毅又美丽，通晓宫廷礼仪，她会做到一名贵夫人应尽的职责。她心地善良，品德高尚，骑马也十分出色，能阅读书写好几门语言……您还能有什么要求？"

"我只是为星星在您出生很久以前就向我揭示的图景感到担忧。您的降临是命中注定的，您能登上王位也是神的旨意，但您成年后的相关事宜都变得模糊不清。我能预知您的身旁会有一位美丽无比的王后，还有一个勇敢无畏的年轻人会获得你的信任，但我看见一层阴影笼罩着你们三人。如果您与桂妮维亚联姻，如果这位骑士来到宫廷……"

梅林意识到亚瑟此刻并没有在听自己说话，他的注意力集中在桂妮维亚的肖像上，脸上露出陶醉的神情。在片刻的沉默后，梅林补充说：

"好吧，该说的已说完了，或差不多说完了。"

"我对您的忠言表示感谢。"亚瑟心不在焉地回复。

"您都没听进去，我试着提醒您，但我能说的到此为止。我可以让命运尽情施展它的力量，但我没有能力与命运背道而驰。"

魔法师说罢起身，从小书房的门离开了，留下国王一人沉浸在对画中人的遐（xiá）想中。

亚瑟同母异父的姐姐——康沃尔公国的摩根——一到这里就掀起了一场风波，以至于没有人留意到梅林的离去。摩根披着大衣骑行在队伍之首，而不是遵照当时贵夫人们的习惯坐在一顶轿子里。她的身后跟着侍奉她家族的随从、骑士和铠甲士兵。亚瑟前来欢迎她，不禁被她的美貌以及不可一世的女王气质打动。

"多么令人生畏的美貌啊！"他心想。

摩根此次前来，是代替他们的母亲伊格莱因筹备婚礼并迎接桂妮维亚。她也想趁此机会，在王宫中与国王

门下的诗人及**饱学之士**来往。她声称自己还非常渴望能

饱学之士: 知识面广、有文化的人。

读到梅林收集整理的深奥著作，想要加强学习魔法师以前教给自己的知识。

开头几周，所有人——从地位最高贵的到最卑微的——都歌颂赞美摩根。她宛如王宫真正的女主人一般，公正且坚定地掌管着一切。她用自己的药水、汤剂和膏药缓解病人们的痛苦，她还亲自为未来王后编织挂毯。看到她劳作的人们心想："当她把金线和泛着光的绸缎

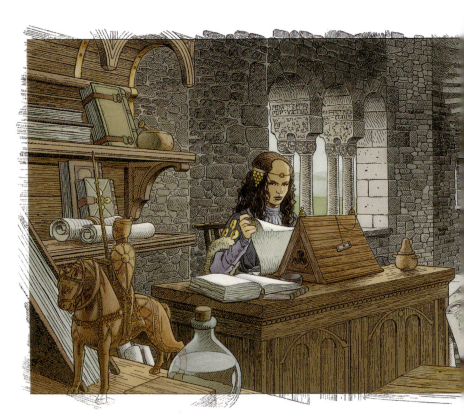

交织在一起时，仿佛在创造世界。如果不施展魔法，怎么可能完成如此精美的作品？”当然也有恶毒的声音说，她长时间和自己弟弟的年轻骑士们混在一起，却对其他贵妇的谈话没有任何兴趣，还说她的穿着打扮一点也不端庄。

接着，人们对摩根的欣赏悄悄地被惶恐不安替代了，一时流言四起。为什么摩根长时间都泡在书堆里看那些**天书**？她晚上都在梅林的房间里干什

天书：这里指魔法书。

么？为什么魔法师的高塔里总会发出奇怪的光？一个对她表现得蛮横无理的侍从消失了三天，当他再次出现时，他声称自己被摩根女士变成了石头。由于这个年轻人早就撒谎成性而且懒惰透顶，人们便只是把他的话当成了无稽之谈。但从此以后，哪怕只是让他去看摩根一眼，这个年轻人也怕得浑身发抖。

终于有一天，一位见习骑士跑来告诉高汶一段奇闻轶事。

"我当时正在宫殿里，摩根公主正巧要上塔楼。她叮嘱我不要让任何人跟着她。在等待的过程中，我看见一只巨大的乌鸦从梅林的窗户飞了出来。没过多久，凯来了，说国王有急事，要请摩根帮忙挑选婚礼佩戴的王冠上的宝石。这是国王的命令，于是我们就进了塔里，但里面空无一人。我们到处呼喊寻找，却是白费工夫，公主并不在那里。凯派人满宫殿找她，都徒劳无获。临近夜晚时，那只大乌鸦回来了，我看着它从陈列室窗口飞入了塔楼。几分钟后，公主重新从塔里出来了，并感谢我忠实地为她站岗。"

高汶安抚了年轻人几句，然后把这件事报告了国王。亚瑟陷入了沉思：

"高汶，你是摩根的侄子，你知道她一直都很与众不同。她生来就有**灵视**的能力。然后梅林又选中了她，作为自己的学生。他教给她的魔法中，就包括变形术，可以改变自己或其他人的形态。"

灵视： 可以看见未来和隐形之物的能力。

"摩根是我母亲的姐妹，我知道她的诸多品质，她的学识、勇气、对我们的祖先以及信仰的忠诚，还有她的慷慨大方。但您得明白，您统治的疆域十分广阔，有些行为在您的宫中是不应出现的。"

亚瑟找来摩根，请她在宫中的逗留期间表现得像普通妇人一样，并且暂停自己的神秘事业。他补充说，希望她能为自己找一个丈夫，并表示会为她提供一笔丰厚的**嫁妆**。

摩根一开始并不在意，但亚瑟的话最后让她笑出了声。

嫁妆：女子在结婚时为自己的丈夫带去的财富。

"不要试图命令我，也不要把婚姻强加于我！我不需要你的金子。没有人敢如此**妄（wàng）言**，就连我自己都不敢，亲爱的弟弟，我比你年长，

妄言：乱说。

而且是康沃尔公国的继承人，还需要提醒你我会魔法吗？你的未婚妻一到，我就会回到我的领地。我会在那里继续探索梅林为我指明的道路，并和我自己选择的伴侣一起，永远不问世事。没有人值得我为他抛弃自己的自由。"

亚瑟屈服了。他的婚期将近，既没有时间也不愿意和摩根发生争执。

五月快要结束时，桂妮维亚抵达了温切斯特。三十位亚瑟的骑士和三十名卡米利亚德的贵族带着他们的见习骑士，护送少女搭乘的轿子和装满了嫁妆的精美的四轮马车。其中一辆马车搬运着一张巨大的圆桌，那是尤瑟·潘德拉贡曾送给雷欧德格朗的，现在他又把圆桌作为新婚礼物送给亚瑟，以此表示忠心。

摩根浓妆艳抹，黑色的头发上点缀着红宝石和闪闪发光的水晶，打扮完毕便前去迎接穿着金袍的桂妮维亚。她们争相向对方笑脸相迎，互相拥抱，并说了很多恭维的话。但人们不会被表象迷惑，这两人见面第一眼就互

相讨厌了。国王见摩根在婚礼仪式开始之前就离开，心里松了口气。

但她的离开备受关注。五位亚瑟最优秀的骑士决定一同离去，为国王的姐姐效劳。当迎亲的队伍在主塔楼大厅聚集后，摩根用所有人都能听到的音量对国王说：

"你不会再在自己的王国看到我了。要警惕不忠和耻辱，它们离你如此近。当黑暗的时刻再度降临，在最终之战将要结束之际，我会重回你的身边，把你带去我的岛屿**阿瓦隆**。"

阿瓦隆：在凯尔特传说中，阿瓦隆岛坐落于世界的西北端。那里的太阳永远照耀大地，居民永世长存，不会衰老也不会有任何痛苦，那里是仿若天堂的地方。

听完这些话，桂妮维亚难以掩饰自己的怒火，说：

"我的姐妹，回到你的领地吧，给那里带去和平。我会照看我的丈夫，不会害怕战争再次到来。国王会让我们拥有持久的和平，我们的结合将揭开黄金时代的序幕。"

女性

中世纪，个别女性的人生极具传奇色彩并且名声远扬。但荣耀和令人瞩目的她们只是少数，因为当时女性的总体生存状态并不易。社会由男性掌控，也服务于男性，女性一辈子只能屈服于男权之下。宗教也同样由男性主导，对他们而言，即使是最典范的卓越女性，也不过是夏娃的后代，而正是夏娃的罪过使男性失去了尘世的天堂。

母亲们

婚姻持续的时间和质量，取决于是否诞生了一个或多个能延续家族血脉的儿子。分娩无论是对于母亲还是对于孩子，都是一项艰巨的挑战，因为当时的分娩没有抵御感染的措施。

婚戒

分娩

婚姻

结婚不仅是神圣的仪式，同时也是一种契约和结盟。双方家长有时会为还在襁褓中的婴儿定下未来的婚事。

女性的职业

在城市里，女性会从事各种贸易和手工业相关的工作，也会参与建筑业。而农妇们则完全像男人一样，负责耕种、收割以及饲养牲口的农活。

纺织女工

克里斯蒂娜·德·皮桑的著作《妇女城》中的装饰画

有学识的女性

艺术和文学不是仅向男性开放的领域。比如，克里斯蒂娜·德·皮桑（中世纪的著名女作家）就创作了大量抒情诗以及政治或哲学著作。作为一名职业女作家，她通过自己的作品养家糊口。

王后们

《萨力克法典》（6世纪时萨力克人的法典）禁止女性统治法国，王后只是国王的配偶、母亲或者遗孀。但如果国王无法管理朝政，王后可以在一段时间内充当摄政者。比如圣路易的母亲——卡斯蒂利亚的布兰卡就担任过摄政。

埃莉诺和路易七世的婚礼

> "桂妮维亚将会是一位大有作为的王后。她既坚毅又美丽，通晓宫廷礼仪，她会做到一名贵夫人应尽的职责。"

永远的弱势者

当时的女性既不享有经济自由，也无法拥有人身自由，只能服从男性、家长或君主的意愿。她们能拥有财产，但无法自由地支配。

阿基坦的埃莉诺

埃莉诺是阿基坦公国的女继承人，于1137年与法国国王路易七世结成连理。在他们的婚姻被宣布无效后，她又与未来的英国国王亨利二世成婚，同时为他带来了自己的领地阿基坦。她的一生展现了卓越的政治才能，并且大力推动了文学艺术的发展。

圆桌骑士

在为期一个月的庆典仪式结束后，宾客们逐渐返回自己的领地。冒着麦酒的喷泉停止了喷涌，乐师们得到了一笔钱财后打道回府。在今后的岁月，亚瑟和桂妮维亚的婚礼将作为所有贵族仪式的典范而广受赞誉，那些没有参加婚礼的人也都对王后换过的六十条礼裙、以亚瑟为首的各个领主身上各种样式的闪亮盔甲津津乐道。

生活又像往常一样继续着，亚瑟在自己的年轻妻子和骑士们的陪同下，开始在自己的领土上巡视。他重视臣民们的幸福安康，制定公平公正的法律条文，派人修建修道院、医院和防御工程，就连粮食的收成和市场上的贸易往来他也很关心。

正是这段时间里，他下令建造了**卡美洛特城**和城堡。他希望这座城市能将最先进的军事防御技术和最雄伟的罗马式宫殿的富丽堂皇

卡美洛特城：虚构的亚瑟王的理想王都。

结合在一起，人们能在这里找到世上最为罕见的奇珍异宝和人文艺术。在梅林的帮助下，工匠们在几个月内就

让城市和宫殿拔地而起。

可骑士们觉得自己毫无用武之地，利刃都留在剑鞘中，战马都关在马厩里，虽然比武大赛能给他们机会展现高超的武艺，但他们渴望的是真正的**功勋**。高汶跑去向国王汇报了这件事，国王若有所思。

"给他们一个值得骄傲的理由，让他们可以证明自己的价值，不然他们就只能做**侍臣**，或是回到自己的领地。"

亚瑟等梅林一回到宫里，就和他商量了这件事。

梅林听后仿佛早有所料，很平静地说：

"您的身边聚集的都是了不起的男子，是最骁勇善战、最忠心耿耿的骑士。作为回报，您应该让他们过上不平凡的生活。我指的不是荣誉或者财富，他们想要的，是为您踏上前所未有的冒险之旅。您要为他们构筑伟大的兄弟联盟，使得人人平等。为了表明他们的平等和友谊，他们会围坐在雷欧德格朗赠送给您的那张圆桌周围。更多的人会源源不断地加入他们，这些人来自世界各地，只有他们的品德可以决定是否有资格跻（jī）身圆桌之列。他们将宣誓接受一切冒险，不会拒绝执行任何一项任务。"

功勋：辉煌的战斗成果，用来证明骑士的勇气和才能。

侍臣：服务于国王宫廷的人。

"我要如何将他们聚集到圆桌周围呢？"

"您的宫廷一旦声名远扬，他们自然会簇拥而来——没有比这里更值得敬佩的地方，圆桌精神将是您的王朝最至高无上的成就。"

"那么冒险任务就会找上他们吗？"

"首先，您要把他们送上正确的道路，无论是在您的国境之内还是之外。他们将保护弱小，并不遗余力地与不公、邪恶和混乱抗争，有时他们会在陌生的国度，甚至在险境中高举亚瑟王的旗帜，弘扬圆桌精神的荣耀。"

"如果他们抛下一切前去承担责任，那么我会严格按照他们的功绩，给予他们奖赏并照顾他们的家人。"

"很好，您一直都很清楚自己的职责。"

"我要扮演的角色就到此为止了吗？"

"您会是圆桌的心脏，也是它存在的必要条件。一年将有两次，所有骑士聚集在卡美洛特城，在大家面前讲述自己的冒险，其中一次是在圣灵降临节。圆桌的名声将飞快地传播开来，冒险任务会自己找上门。这个世界或另一个世界里遇到灾难的贵夫人、年轻的见习骑士，甚至**隐士**都会跑来圆桌，讲述种种奇闻轶事，恳求你们的帮助并寻找

隐士：因为宗教信仰选择远离尘嚣，忍受孤独和艰苦独自生活的人。

一名**保护者**。"

"您说还有从另一个世界来的？"

"在您执政初期，仙子们已向您献出了她们的友谊。当她们遇到无法掌控的危险时，就会向您寻求帮助。您**漂泊**在外的骑士们将不止一次，甚至往往在不知情的情况下，穿过通往另一世界的大门，去那里冒险并邂逅爱情。"

亚瑟立刻行动起来，圆桌被放置在一间无比宽敞的房间里。最早有十二位战友，他们是国王的外甥高汶、阿格规文、加赫里斯、加雷斯和伊万，还有凯、贝狄威尔、尤里安、卢坎、乌尔芬和玛多尔。正如梅林预言的那样，很快更多的勇士从四面八方赶来加入他们。**撒拉逊**骑士帕拉梅德因为渴望加入圆桌，不惜漂洋过海、穿越沙漠，只为拥有一席之位。

保护者：为保护某一事业或某个人而战的人。

漂泊：一直游荡在外。

撒拉逊：在中世纪，特指阿拉伯人。

笼头：套在大牲口脖子上的东西，用来系缰绳的。

高汶是最早接到冒险任务的一位。这非常合理，因为国王最喜爱的这个外甥拥有一名理想骑士的所有美好品德。

在圣灵降临节，一位少女骑着一头套着**笼头**的骡子进入了宫殿。她是来寻求帮助的。

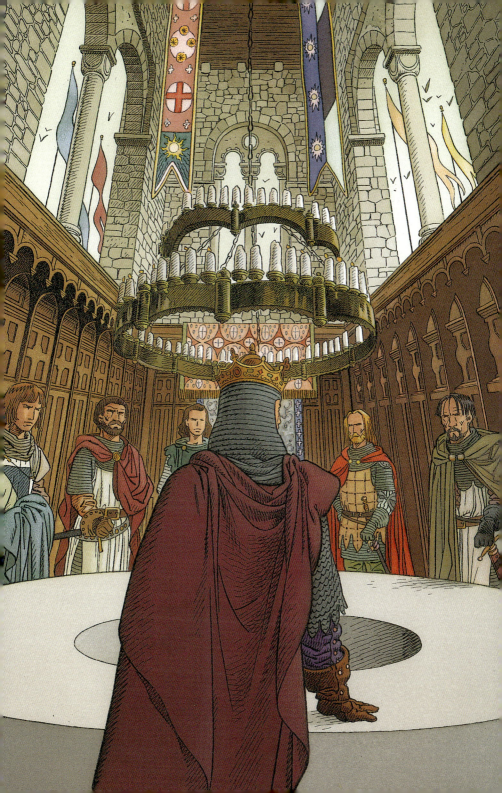

"有人从我手中夺走了这头骡子的缰绳，从此我就失去了一切快乐。如果不能把缰绳还给我，我的余生就不会再展露笑容。缰绳被锁在一个危险的地方，那是一座难以攻克的牢固城堡。无论谁把它带回给我，我都会给他任何他想要的东西。"

高汶毫不犹豫地答应了。

"我会把你的缰绳连同你的笑容一起还给你。"他向少女保证。

"那么，请您带上我的骡子，让它为您带路，只有它知道方向。"

高汶不用踩镫就一跃而上，坐上了鞍。骡子快步小跑起来，笔直地朝森林前进。在林子深处，高汶遇到了各种凶猛野兽，有像豹子那样令人生畏的大型动物，也有像蛇和蝎子那样匍匐（pú fú）在暗处的狡诈生物。他时刻准备战斗，但这些野兽毕恭毕敬地在他面前退去了。他沿着道路来到了一条小河边，漆黑的河水中隐约浮现出一些怪物的轮廓。一块木板横跨在河上，只略宽于骡子的蹄子。高汶驱赶骡子奔驰着过了河。河对岸屹立着一座宏伟的城堡，骡子正朝那里飞驰。

高汶从未见过此般景象：城堡在水中央旋转，像是

被某种永不停止的动力操纵着。高汶观察了一会儿城堡，多次看见降下的吊桥在自己眼前一转而过。如果他纵身一跃，有极小的概率能找到通道，但必须冒着撞死在墙上的风险。他小心翼翼地确定好时机，用脚后跟猛地一踢骡子驱它前进。骡子直接跳到了**铁栏**下，带着人狠狠地撞在了墙上，但成功着陆了。

高汶向着城堡主塔前进。让他惊恐的是，塔楼被一圈栅栏围住，每根栅栏上都挂着一颗死去骑士的头颅。忽然，高塔的大门打开了，门里走出一个长相野蛮的巨人，肩上扛着一把**草叉**。

铁栏：城墙外围的护栏。

草叉：一根长柄顶嵌着一块铁片，铁片上有几根尖钩。

"我向您致敬，高汶阁下，"他向骑士说道，"您正在寻找的这头牲畜的缰绳就在这里，但您并不会得到它，因为明天中午时分您就会死去。至于今晚，我会为您提供食宿。"

用过餐后，他将客人带到客房。高汶正要躺下时，巨人公然挑衅（xìn）他，要他展现自己的英勇：

"这是我的草叉。如果您真如人们所说的那样是个英勇无畏的骑士，那么现在就把我的头砍下。但记住，明天早上，就轮到我来砍您的头了。您决定接受挑战吗？"

高汶一言不发，接过武器，干净利落地砍下了对方的头。巨人弯腰捡起自己的头，双手捧着离开了。高汶马上就入睡了。

第二天一早，巨人出现了，头好好地安放在肩膀上，一手握着那把草叉，一手拿着一块斩首用的木砧。高汶跪下，把自己的头搁在了木砧上。巨人向他说完死前送别的话后，举起了武器，竭尽浑身的力气向高汶的脖子劈去，却没有伤到他半点皮毛。此后，他称颂高汶的勇气，并表示会协助他通过之后的考验。

"两头狮子会进入这个房间，你必须和它们搏斗，这七面用铁加固的木质盾牌可以用来保护你。"

高汶穿上他的**锁子甲**。门打开了，果然出现了两头怒气冲冲的野兽。这场搏斗让人胆战心惊：第一头狮子打飞了四面盾

锁子甲：又称链甲，由小铁环套扣缀合而成的上衣。

牌，但高汶成功地把剑刺入了它的腹部；第二头狮子也对他发起了猛烈的进攻，失去最后一面盾牌的高汶一跃而起，躲开了致命一击，然后用力挥剑，把狮子的头斩落了。

巨人给他水喝，为他洗干净脸，随后把他带进一个房间，里面有一名骑士在休息。他一见到高汶，就抓过自己的剑，露出了城堡守卫者的姿态：

"是我战胜了那些英勇的武士，他们的头现在就挂在主塔的入口。做好准备加入他们吧！"说罢他便向高汶冲去。

他不知道的是，亚瑟王的外甥在出生时就受到了神的馈赠。每天，他的力量都会奇迹般地增长，直到中午时分才停止，在下午又回归正常。才过了片刻，他就把这位城堡守卫者打得节节败退。但他慷慨地饶恕了对手，命令他去向亚瑟王认罪。最后的考验终于来了，两条喷着火、吐着毒液的蟒蛇在正午来临的一小时前突然出现。巨人为高汶重新装上一副坚固的锁子甲，两头怪物根本承受不了骑士凶猛的剑击。

在巨蟒被撕成碎片的遗骸前，巨人向高汶宣布，城堡的女主人会把缰绳交给他。他被领

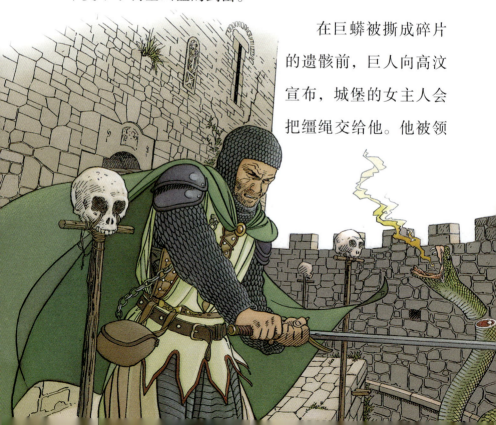

到一个奢华的房间里，那位贵妇正在里面等着他。她告诉高汶自己是那名向他求助的少女的姐姐。

"高汶阁下，您就这么急着把缰绳带走吗？您可是骑士中的太阳，请留下来成为我的丈夫吧。这座城堡归我所有，除此之外我还有三十八座城堡。"

她的面容如此美丽，让容易坠入爱河的高汶深感自己面临一场远比与蟒蛇和狮子搏斗加起来还困难的挑战。他把视线从这张妩媚动人的脸上移开，想起了自己在圆桌的同伴们，想到了自己的荣誉和许下的誓言，接着优雅有礼地回复说亚瑟王正等着他，他必须遵守自己的诺言。

回去的路上，高汶毫无阻碍地穿过了**危机四伏**的森林。少女接过自己的缰绳后笑逐颜开，也提议让高汶做自己的丈夫。高汶依然风度翩翩地拒绝了少女，她只好独自骑

危机四伏：充满了风险，不安全的地方。

着坐骑回自己的城堡去了。所有的骑士、国王和王后马上把高汶团团围住，让他开始讲述自己的冒险。

骑士

一开始是指骑马的战士。到了中世纪，只有通过一项特殊的仪式才能成为骑士：册封仪式。最初所有的骑士都有权册封自己认为有资格的人成为骑士。然而，从 12 世纪起，唯有贵族才有资格被册封。无论是在战争时期还是和平年代，骑士精神都被附加了一套道德准则。骑士应该好善乐施，保护弱小，帮助有需要的人。

战士

骑士是精通骑马作战的战士，常以团队为单位进行战斗。有一些骑士团的成员既是战士也是僧侣。

骑士册封仪式

圆桌骑士们

14 世纪的骑士

"高汶是最早接到冒险任务的一位。这非常合理，因为国王最喜爱的这个外甥拥有一名理想骑士的所有美好品德。"

骑士册封仪式

有些册封仪式会在一场战斗结束后进行，有些则会举行一场仪式化的典礼，通常在一场弥撒之前或之后。骑士会得到象征自己身份的标志（剑、马刺）和拍肩礼，即用手或将佩剑平放在受封者的肩头或颈上轻拍几下。

比赛

艰苦的生活条件

很多骑士都很穷，并希望能在自己的冒险途中获得一笔财富。他们也会凭借自己的功勋获得财富，或者娶一名嫁妆丰厚的贵族女性来摆脱贫困。

学习成为骑士

这种学习从儿童时期就开始了。为了成为骑士，男孩会在离开家庭之后习得最基本的骑术和战斗知识。之后，他们会在一位亲属或者君主门下担任男仆，并学习使用武器和如何服侍领主，同时继续进行格斗训练。接下来会参加比武大赛和战斗，从而进入见习骑士之列。最后，如果他的勇气无可指摘，能表现出完美无瑕的骑士精神，并有能力武装自己（马匹、武器、盔甲），他就能获得册封。

湖上骑士兰斯洛特

　　一年又一年过去了，冒险一场接着一场。诗人们早已用文字记录下圆桌上传颂的最为动人的壮举。亚瑟王也步入了人生的盛年。为了捍卫王国的长治久安和繁荣昌盛，当冒险再次召唤时，他已不会同自己的同伴们一起出发了。

　　五月，见习骑士们蜂拥至卡美洛特城，都渴望享受**国王册封**这一荣耀。在亚瑟统治的第十个年头，这项仪式备受瞩目，人流把大厅堵得水泄不通。突然，一个哨兵在主塔顶上大喊：

　　"一团巨大的光芒正沿着主道赶来。白花花的一片，闪闪发光。"

　　这定是一场奇观。全体人员赶紧聚集在**外侧长廊**。

　　二十多名骑士骑着马快速向卡美洛特的城门赶来。他们个个白马白衣，银质的盔甲在阳光下闪着耀眼的光。在最前面带队的是一位贵妇人和一位身材高

国王册封： 一名见习骑士在一位骑士的帮助下佩上骑士的武器，这就是册封。这里指由国王亲自为见习骑士佩剑的册封仪式。

外侧长廊： 有些城堡的一楼大厅会延伸出去，搭建一个更加狭窄的厅堂，其中一侧有朝外开的窗户，从而形成一座长廊。

挑的年轻人，两人也都穿着白色和银色的服饰。稍过片刻，一位传令官出现在国王面前，向他禀报湖上仙女薇薇安的莅（lì）临。她从小布列塔尼赶来，陪同她的还有其子兰斯洛特。

他们在一片寂静中进入了王宫。圆桌骑士们从来没见过容貌能与向他们走来的这位年轻妇女和这位见习骑士媲美的人。薇薇安开口对国王说话，那声音在众人耳朵里如同清澈溪流的吟唱：

"国王陛下，这是兰斯洛特，他对我来说是世上最心爱的珍宝。我并非他的生母，但我把他当作自己的儿子一样，在我位于布劳赛良德森林的孔贝湖城堡养育成人。我亲自负责他的**人文教育**，还请最好的武术指导教

人文教育：包含了音乐、几何、算术、修辞或演讲知识。

他使用武器。他如今十八岁，已经明白一位骑士应尽的所有职责，也通晓了所有的风雅礼仪。尊贵的国王，我无法向您揭晓他的姓氏，但请您相信他出生高贵。请用您的手为他册封，他便会是您最优秀的骑士。"

国王无法挽留薇薇安，她必须回到自己的领地去。她温柔地拥抱了兰斯洛特，在湖上城堡时，心碎的母子两人已经做好了分离的准备。整座大厅中，只有彬彬有

礼且热情好客的伊万前来欢迎这个年轻人。

"我会向您解释这里的规矩，并帮您准备好册封仪式所需的一切。"

第二天早上，王室列队前往大教堂的门廊，见习骑士们都已单膝跪地等在那里了。兰斯洛特垂着眼，跪在第一排。亚瑟和桂妮维亚在他面前停下。兰斯洛特抬起头，目光对上了王后的双眼，他瞬间就意识到，在他的一生中，不会再看其他任何女士一眼：王后是他梦寐以求的一切，虽然他当时还没意识到这点。

亚瑟和桂妮维亚没有注意到兰斯洛特内心的震动，继续主持仪式。弥撒结束了，唱过颂歌后，仪式迎来了尾声，所有的年轻人都受到了册封。国王按照传统为他们每个人佩戴剑和马刺。这时，一位骑士突然策马加鞭闯进教堂的围墙。

"求助！我替我的女主人诺汉夫人寻求帮助。她向亚瑟王寻求一名保护者，与想要强娶她的**诺森伯兰**国王进行一对一的决斗。"

国王还来不及反应，兰斯洛特就已经跪在他的面前了。

"国王陛下，您刚册封我为骑士，请允许我来保护这位夫人。"

诺森伯兰：英国北部真实存在的王国。

国王犹豫不决。兰斯洛特很有可能会失败，或者在他的第一场对决中牺牲，但拒绝他的请求又是对他的一种侮辱。国王迟疑了很久，最终还是答应了。兰斯洛特不等国王赐予他佩剑就起身告辞，伊万立刻帮他佩戴好武器。兰斯洛特问伊万，临行前是否应该向王后道别。伊万称赞了他这种充满风度的想法，并把他带去了桂妮维亚的寝宫。当王后看到兰斯洛特进门时，顿时对他的仪表堂堂感到倾慕。他在她面前跪下，她握住他的手请他起身时，突然感到自己被他的英俊样貌和他注视自己的炽热目光扰得心神不宁。他用低沉的声音恳求她，让自己成为她的骑士。

"当然，我非常乐意，英俊可爱的朋友。"她用同样的语气回复他。

就这样，年轻人内心纷乱地离开了。

在路上，兰斯洛特还顺便从两位骑士手中解救了一位被囚禁的少女，还与一位巨人战斗。他的肩膀受了伤，伤口很深，诺汉夫人不同意他带伤迎战。她为他治疗了两星期，与此同时，卡美洛特城听到传言，说年轻的兰斯洛特没能完成任务。王后心里很担忧，派人为他送去了一把精美绝伦的宝剑，而总爱挖苦别人的凯急匆匆上

路了，准备前去替换这位能力不足的年轻人。他赶到时，兰斯洛特正手持桂妮维亚送来的剑，准备与诺森伯兰国王交战。诺汉夫人给国王捎去一条消息，告诉他有两位骑士会为她出战。国王便让自己最好的战士陪同自己迎战，战斗持续了整整一天。兰斯洛特是四人中最骁勇善战的，同时也是最具骑士精神的：他从来不会骑着马与双脚落地的对手交战，每当他看到凯无力抵抗时就会前去帮忙。凯生气地拒绝了他的协助，但不得不认可这位身穿银盔甲的骑士的才能。让所有人都感到满意的是，这场决斗以和平告终，兰斯洛特便启程回去了。

　　他在路上经过了悲伤堡垒，所有路过那里的漂泊骑士都遭遇了不幸。他们要么在此丧命，要么成了这座堡垒的阶下囚。兰斯洛特向守卫悲伤堡垒的头领宣战。一位骑士从城堡的一扇门中出现，战斗便打响了。但是，当兰斯洛特的对手表现出倦态时，就会突然传来号角，马上就有另一位骑士前来代替他战斗。兰斯洛特成功击败了五位骑士，此时暮色降临，战斗中断了，所有的门都重新合上了。一位戴着白面纱的少女走到了兰斯洛特面前。

　　"明天，您将继续战斗，在日落之前，您必须战胜守卫悲伤堡垒两扇大门的二十位骑士。"

"感谢上帝，他们之中已有五位战死或身负重伤！"

"您错了！您必须在一天之内消灭所有对手，否则一切努力都白费。"

见兰斯洛特已经精疲力竭，她把他带去了村里的小旅馆。借着蜡烛发出的微光，他看见房间的墙上挂着三面盾牌。过了一会儿，那位少女又来找他，还揭开了自己的面纱，他马上认出这是湖上仙女的一位随从。

"我们夫人为您准备了这些盾牌。明天战斗时，您要轮流使用它们。当您觉得疲惫不堪时，它们会给予您相当于好几位骑士的力量。"

她一边说一边把盾牌一一递给他。

"先用这面镶着一圈兽嘴的银白盾牌，接着用这面有两圈的，最后用这面有三圈的。"

"如果用这些有魔力的武器保护我，那么赢得胜利的荣耀从何谈起？"

"要想战胜您明天的敌人，即使是骑士中的佼佼者也不行，您需要湖上仙女的魔力来相助。遵从您母亲的意愿吧，这对所有人都有好处。"

第二天，兰斯洛特遵从了湖上仙女的指示。在他感到精疲力竭时，就换一面盾牌使用，他的力量瞬间就恢复了。在战胜了守护第一扇门的十位骑士后，他闯入了城堡的围墙，准备攻打第二道门的十位守卫。之前，他发现在城墙上耸立着一个庞然大物，是一位青铜做的骑士。兰斯洛特死死盯着这铜像的脸，在他的注视下，铜像轰然崩塌，碎在了地上。顷刻间，门自动打开了，悲伤堡垒里的囚犯们喜出望外地逃了出来。悲伤堡垒变成了快乐堡垒。兰斯洛特破解了这里的**诅咒**，而他最好的奖赏正在城堡的墓地里等着他。湖上仙女从未向他透露过他的身世，然而他在一座只有自己可以打开的坟墓中发现，他是**贝诺伊克**国王班恩和王后埃莱娜之子。

诅咒：邪恶的魔法。

贝诺伊克：小布列塔尼地区的幻想国度。

关于此次的光辉事迹一路流传到了卡美洛特城。国王以及圆桌的骑士们决定等兰斯洛特回来后，让他成为圆桌的一员。王后更是朝思暮想地等待他的回归。

"不要在城堡中逗留，去世界各地寻找冒险和奇观。这样一来，你就能完成更多的功绩。"

多年来，兰斯洛特日复一日地遵守薇薇安的这番忠告。总是漂泊在外的他很少有时间留在宫里。他对王后的炽热感情仍然在升温，而对方也常向他表明自己的爱意。他发誓无论何时都愿为她效劳，直到永远。可王后是一位挑剔苛刻的爱人。在一场比武大赛中，她要求兰斯洛特用自己最糟糕的状态去应战，并使自己败北，以此证明他的忠贞不渝。而他也服从了。

当他不惜性命前往**有去无回国**，寻找被邪恶的梅里亚冈特拐走的王后时，王后用极度冷漠的态度迎接了他：在登上能带他来到王后身边的囚车前，他竟然会犹豫片刻！虽然王后心里清楚，对一位骑士而言，没有什么比在众目睽睽之下蜷缩进囚车更有损名誉。以上不过是众多事件中的一部分。但兰斯洛特依然坚持对心上人的爱，继续执行这些前所未有的冒险。

有去无回国：传说中另一世界的领土，位于亡者之国。

与此同时，兰斯洛特也依然保护并效忠于国王，比任何人都要忠诚、勇敢。圆桌的大多数成员似乎还没有察觉最强骑士和王后之间的私情，摩根却很快明白了这段感情的力量，她无法原谅因为不忠而让自己弟弟蒙受屈辱的桂妮维亚。她时不时会派几个女信使去宫里，让她们散布一些流言蜚（fēi）语，但国王对此充耳不闻。

风雅

特指 11 世纪在法国南部出现的一种表示爱意的特殊方式。通常是一位骑士或者吟游诗人向他们的心上人——一位贵族妇女奉上爱意。很快，追求风雅的爱情，就成为贵族精英独有的一种社交礼仪。

中世纪的花园

花园通常被围在城堡内，里面种满了芬芳扑鼻的花卉或蔬菜，还装饰着喷泉，周围则是盛开鲜花的果园。花园是风雅爱情生活的理想地点，情侣们会在花园中相会，一起听诗歌、音乐或者故事。

中世纪的花园，位于克勒兹省的帕利耶景区

在花园里的埃米莉亚

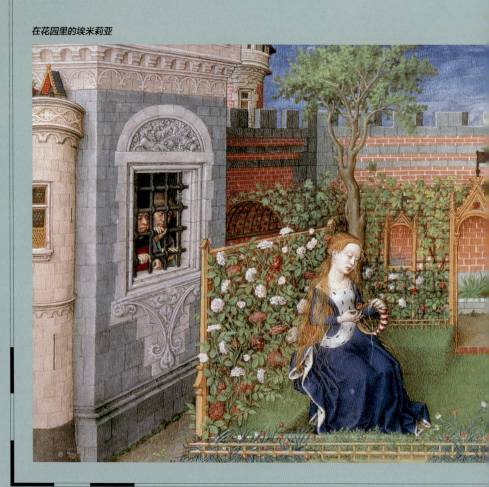

风雅爱情

这种爱情观赞颂男性对自己心爱之人的绝对服从，并崇尚将对贵妇人的爱意藏在心里。对男性而言，这份爱意通常是他幸福的源泉，有时也会是他痛苦的源泉，但更多时候激励他去表现自己的英勇无畏。为了讨心上人的欢心，并证明自己配得上这份爱情，骑士会取得惊人的功绩，会用勇气、力量和胆识与别人媲美。

吟游诗人

最早传唱风雅爱情或宫廷爱情的是法国南部奥克语区的诗人们。

为观众表演的吟游诗人

> "他对王后的炽热感情仍然在升温……他发誓无论何时都愿为她效劳，直到永远。"

吹长笛的女乐手

骑士

骑士拥有高尚的心灵，知道控制自己的情绪，并清楚自己的价值。他们最重要的品德之一是慷慨，也称为好善乐施，经常向周围的人分发礼物和财富。美是风雅生活中必不可少的组成部分，同样重要的还有青春、勇于冒险的精神和取悦他人的意愿。优雅的梳妆打扮、华丽精美的首饰、工艺精良的武器及头盔也同样与文雅考究的道德风貌相辅相成：衣着通常色彩斑斓，用的是来自东方的绫罗绸缎，再配上金银珠宝熠熠生辉……

风雅女性

除去美貌，风雅女性还要精通骑术、猎鹰、弹奏乐器，能在竖琴或鲁特琴的伴奏下歌唱、舞蹈。她们与诗人们来往，并且自己也会作诗谱曲。她们要有足够的学识探讨恋爱关系中难以捉摸的精妙之处以及爱情的哲学。

一位与心上人告别的骑士

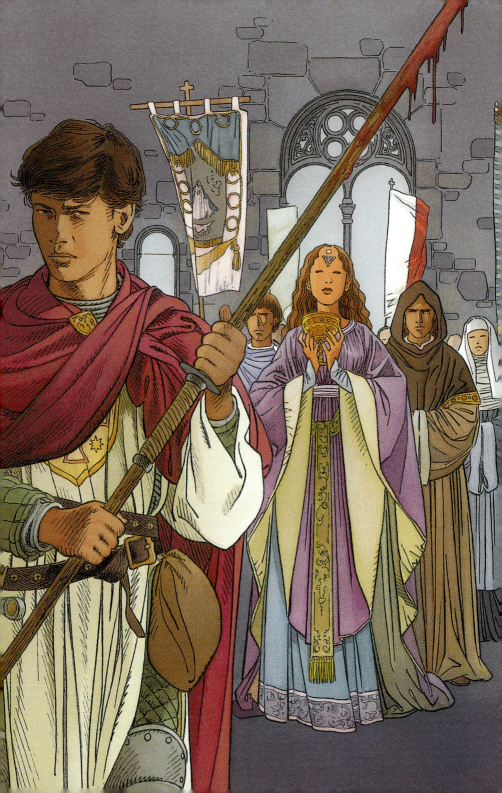

寻找圣杯

让整个宫廷和骑士们都为之着迷的，还有**威尔士人**帕西瓦尔讲述的冒险故事。一天晚上，他来到一座荒芜之中的废弃城堡。那城堡的领主渔王身体残疾，正在湖上钓鱼，帕西瓦尔受他邀请，见证了一场笼罩在不可思议的光芒中的列队仪式。在行列队伍中央，一位美丽的少女手捧圣杯，散发着光芒；一位少年走在她身前，手里举着白色的长枪，长枪的顶端正滴着鲜血。帕西瓦尔不敢问国王圣杯到底是什么，是给谁用的，也没有询问长枪的秘密。

威尔士人：英国西部的凯尔特语区威尔士公国的居民。

他刚讲完自己的故事，一位相貌无比丑陋的少女来到了卡美洛特城堡的大厅，气急败坏地辱骂帕西瓦尔：

"你见到了圣杯和长枪，却没有提任何问题，土地因此不会再有收成，妇女会成为寡妇，少女会沦为孤儿，所有的骑士都会死去！因为你的过错，渔王仍然要为他瘫痪的肢体忍受痛苦。诅咒你，帕西瓦尔，直到你去弥补自己造成的过失！"

帕西瓦尔出发了，发誓不会在同一个地点连续滞留两晚，直到他找到圣杯城堡，并提出那些问题，让渔王的国度再次充满欢声笑语，变得繁荣昌盛。在接下来的五年里，他一直在履行自己的这个诺言。

帕西瓦尔走后，关于圣杯的谜萦绕在圆桌所有人的脑中。这个具有魔力的杯子精美绝伦，能同时滋养心灵和肉身，年轻的骑士和那位丑陋的少女已经证实过这点了。一个承载着这么多神力的物品是从哪里来的呢？有些人认为圣杯源于仙子们和传说中的能工巧匠们的世界。另外一些则坚信是对人类充满善意和慈悲的耶稣基督赐福于它，让它能拥有诸多美德。

不久，梅林来了，他对全体圆桌骑士说：

"是时候了，我需在这个王国履行我的第三项任务。我的第一项任务，是为你们找到一位君主。第二项，则是创立圆桌制度。现在，你们需要前去完成最至高无上的冒险——寻找圣杯。和帕西瓦尔一样，你们也应该出发去寻找圣杯。"

他转身看向国王，小声说道：

"有些骑士会在外游走多年，另外一些可能永远不会回来了。他们的命运便是如此。"

所有已受封的年轻骑士都选择加入这场冒险，高汶首当其冲。他们一起离开了卡美洛特城，国王看着人去楼空的宫殿，不禁潸（shān）然泪下。

"看着大家离开，对我而言是多么痛苦！再也不会有像你们一样出色的骑士了。"

梅林俯身对他说：

"我也要离开了，并且永远不会再回来。薇薇安在布劳赛良德森林等着我。我一回到那里，就会告诉她一个秘密，是一条咒语。她能用这条咒语把我永远囚禁在森林里。之前我一直为此犹豫不决，不想牺牲自己的自由，现在我却渴望这种归隐。"

"为什么要在此时匆匆离开？"

"我并不书写命运，我解读命运，仅此而已。骑士时代的尾声已经降临，我们的时代马上就会终结。如果我要远离尘嚣（xiāo），那么我要住在我最爱的地方，陪在我最爱的人身边。我像人们爱自己的儿子一样爱你，但现在你必须一个人走完自己的路。"

第二天清晨，亚瑟独自一人站在城墙上，目送那个高高的黑色身影渐行渐远。从此梅林再也没有回来过。

高汶骑着马在全国各地搜寻，但没有人能为他指明通往圣杯的路。一天晚上，他半路遇到了一位身负重伤奄奄一息的骑士。高汶试图向他伸出援手。

"没有人可以救我，"陌生人说，"但如果您愿意代替我继续我未完成的使命，那么我就可以平静地死去。"

"我向您发誓。"高汶回答说。

"我的生命正在流逝，已经没有力气说话了。"那个年轻人呢喃着，"穿上我的盔甲，骑上我的马，它会带你上路……"

这便是陌生人临终前最后的话了。高汶穿上了他的盔甲，那匹马驮着他经过一夜的狂风暴雨，来到了一座偏僻的礼拜堂，里面只有一支蜡烛在燃烧。高汶觉得找到了庇护所，在这里能受到神的保护。突然，一阵毛骨悚（sǒng）然的笑声在黑暗中回荡，一时间雷鸣电闪，一只黑色的巨手从墙里伸了出来，一把熄灭了蜡烛。高汶赶紧逃向自己的马，骑着飞奔穿过了整个布列塔尼，于第二天晚上赶到了海边。他看见乱

石中竖立着一座不知名的城堡：周围河床干涸（hé），
树木凋零，牲畜骨瘦如柴。

　　他一走进城堡的大厅，就看到了一位死去的骑士躺
在一张长桌上。尸体四周亮着一圈烛台，胸口摆着一

把断裂的剑。大厅里的众人正为死者唱着弥撒，接着国王也就是这座城堡的领主，邀请高汶共进晚餐。用餐时圣杯出现了，罩着绸缎，一同出现的还有滴血的长枪。晚餐结束时，那把死者的断剑被带到了众人面前，国王请求高汶把断剑重新接上。但高汶想尽一切办法，也办不到。

"你不是圣杯指定的英雄，"国王遗憾地指出了这点，"但我还是会回答你的问题。"

"请告诉我滴血的长枪有什么秘密。"高汶请求说。

可是当国王向他解释这支长枪正是**百夫长**朗基努斯刺伤耶稣的侧腹时使用的那支长枪，

百夫长：掌管部队人数为一百人的古罗马军官。

高汶却因为旅途的疲劳而睡着了。第二天，他醒来时发现自己躺在马儿旁，四周一片荒芜，根本不见一个人影。城堡彻底消失了。

兰斯洛特也在同伴们离开后启程出发，但他心里想着的是王后而不是圣杯。一天夜里，他也在一座礼拜堂前停下，把马系在一棵树旁，放下了武器和盾牌，躺下睡觉。他梦见一位浑身是伤的骑士躺在架子上。骑士一开口说话，礼拜堂的大门就打开了，里面冒出耀眼的光芒。兰斯洛特看不到圣杯，但他敢肯定圣杯就在里面，那迷人的光芒和美妙的香气一定就是圣杯发出的。当门再次合上时，那位骑士已经站起身，伤口也全都愈合了。他走向兰斯洛特的马，夺过他的盾牌，跳上马鞍策马离开了。早上，兰斯洛特醒来，发现他的盾牌和马都消失了。

他继续上路，遵照天意为他指明的道路。经过多年的漂泊，他已逐渐不再抱有希望，在某一天终于抵达了一座深不可测、位置偏僻的森林，让他惊讶的是，这里竟然有一座隐士的居所。隐退在这里的老人年轻时也曾是一位骑士。

"在年轻时，我杀人如麻，有时甚至十分残忍。"他向兰斯洛特坦白，"现在，我在孤独中为过去的罪行忏悔，并在我力所能及的范围内帮助迷路的旅人。"

他给了兰斯洛特一块黑面包和一些麦酒，还有采自树林里的草药和泉水煮的汤。

"你可曾听说过关于圣杯的传说？"兰斯洛特吃完后问道。

"怎么可能没听说过呢？毕竟你们有那么多人在找它。你也渴望找到圣杯吗？"

"我必须去。但我不知道该去往何方，也不知道它到底长什么样。"

"你有没有扪（mén）心自问过，自己是否配得上圣杯？"

"我不是骑士中最恶劣的。"

"你是国王的骑士吗？还是王后的？不用回答，我认出你了。你是湖上骑士兰斯洛特，贝诺伊克国王班恩之子。你是所有人中的佼佼者，唯一配得上圣杯的人。但你宁可让自己献身于对王后的爱，众人之中只有你在踏上搜寻的路途前犹豫了片刻。我现在可以为你指出通向圣杯城堡的路，这条路对你而言就在脚下。若要顺着这条路前进，你就要永远放弃对桂妮维亚的感情。做出你的选择吧！"

兰斯洛特低下了头，沉默不语。

亚瑟的宫廷里只剩下一些见习骑士、年轻侍从以

不同的都城： 亚瑟王靠自己的权威统一了很多不同的王国，每一个都保留了自己原先的都城。卡美洛特城的地位高于所有这些城市。

及几名年事已高的老骑士，他们总跟随国王在**不同的都城**间巡访，从南特一直到爱丁堡，走遍了整个王国，并收到不少关于圣杯的消息。他们听闻了兰斯洛特、高汶、博霍尔和其他人经历的考验，

以及他们的失败。国王悲伤地意识到，这次寻找圣杯的旅行对很多优秀的骑士而言，是他们生命中最后的一次冒险了。年复一年，国王已经衰老，圣杯的谜团依旧没能解开，对圆桌骑士们而言，它俨然是一场致命的梦幻。

欧洲是基督教的世界

在 12 世纪、13 世纪时，欧洲国家中，只有西班牙是穆斯林统治的国家，以及俄罗斯和波罗的海沿岸还有一些部落信仰别的宗教。从 1050 年起，基督教分裂成了两部分：以教皇为首的罗马天主教教廷，和希腊天主教会或称为东正教会。

神职人员

教皇是教会的首脑。由主教们统辖的教区被划分为多个小教区，分别由本堂神甫管理。修道士们和修女们则生活在修道院里。

大教堂

从 12 世纪开始，整个欧洲都开始兴建哥特风格的高耸教堂。雕塑、彩窗和绘有图画的墙壁都向虔诚的信徒们诉说《圣经》中的故事。

朝圣者们的聚餐

朝圣

信徒们往往会组织队伍一起前往家喻户晓的宗教圣地，比如圣米歇尔山、孔克、圣地亚哥－德孔波斯特拉、罗马或耶路撒冷。路途通常充满了艰难险阻，以至于人们往往会在出发前留下最后的遗愿，再展开朝圣之旅。

建筑工人

据估计，中世纪每两百个居民就会有一座教堂。技艺精湛的泥瓦匠们在全欧洲奔波，建造大教堂、小教堂和修道院。神职人员、贵族和商人们团结他们的力量，大力为城市和乡村兴建新的宗教庇护所。

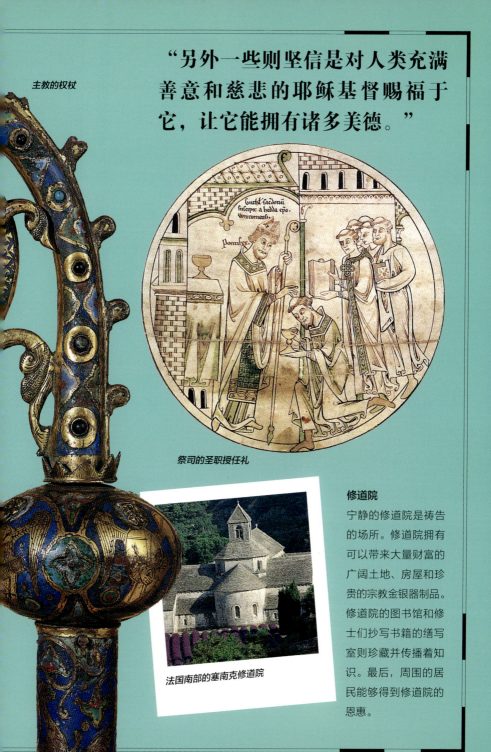

主教的权杖

"另外一些则坚信是对人类充满善意和慈悲的耶稣基督赐福于它，让它能拥有诸多美德。"

祭司的圣职授任礼

修道院

宁静的修道院是祷告的场所。修道院拥有可以带来大量财富的广阔土地、房屋和珍贵的宗教金银器制品。修道院的图书馆和修士们抄写书籍的缮写室则珍藏并传播着知识。最后，周围的居民能够得到修道院的恩惠。

法国南部的塞南克修道院

莫德雷德的背叛

久而久之，帕西瓦尔对重新找到圣杯城堡已经不抱希望。他相信自己无数次经过了这座城堡，但是任何冒险也没有让他再次见到那只神秘的杯子。一日，他来到一条河边，看见前方屹立着一座和圣杯城堡一模一样的城堡，便穿过吊桥进入了院子，里面荒芜一片，就和周遭其他地方一样。一个黄金和象牙制成的棋盘摆在一间富丽堂皇的大厅里。他随意挪动了棋盘上的一枚棋子。棋盘回应了他的动作。帕西瓦尔觉得有趣，便又下了一步棋。过了一会儿，棋盘就把他**将军**了。帕西瓦尔连输了三次，一怒之下抓过棋盘的木盘和棋子，想把它们从窗口扔进**城壕**。

"不要这么做！这棋盘是摩根仙女送给我的。把它丢了简直是罪不可赦（shè）。"

一个女子的声音！大吃一惊的帕西瓦尔看见环绕城堡的水面上突然冒出一位少女，她的身上穿着红色绸缎，绸缎上缀满了金色的星星。他向她伸出手，扶她登上大厅。

将军: 下棋时，压制对方的国王而取得胜利就叫将军。

城壕: 较深的沟渠，通常灌满了水，作为防御措施环绕着城堡。

他们一起度过了一晚，早上又在她的要求下，前去狩猎白鹿。这次狩猎将他领向了一场又一场的新冒险。就如骑士应该做的那样，帕西瓦尔一一接受了，但他总觉得圣杯还是那么遥不可及。当他总算回到了藏有魔法棋盘的城堡里，回到那位少女身旁时，她把他带到了河边，一艘巨大的船停靠在河面上。

　　"登上这艘帆船，它会带你驶向河的另一边，前往渔王的领土。"

　　"在到达你的城堡前，我曾在河的对岸停留过，却没有看到圣杯城堡。"

　　"你那时没有做好准备。是圣杯自己决定在什么时候选择什么人。"

　　帕西瓦尔骑行了数日，他脚下的路把他引向了那座有黑色巨手的礼拜堂。在不知情的情况下，他也目睹了高汶之前看到的景象，但他对自己充满信心，并没有逃离礼拜堂。早上，渔土城堡的高塔竖立在了他面前。国王兴高采烈地接待了他，并邀请他一起用餐。一直忧心自己是否能再次见到圣杯，让帕西瓦尔心里焦躁不安。他的等待没有让他失望。圣杯和长枪再次出现了，由两位美丽的少女持在手中；一位少年紧随其后，手里捧着那把断剑。在圣杯的队列进行时，餐盘碗碟中都盛满了丰盛的佳肴。国王转向帕西瓦尔，发现他的脸上写满了希冀和不安。帕西瓦尔仿佛再次看到年轻时的自己初次面对圣杯时一言不语的样子。他真的知道问什么问题才是正确的吗？又应该按照什么方式来问呢？他选择参照队列的顺序提问：他先询问了圣杯是什么，接着再问了长枪，最后才是剑。

国王安静地听他说完，侧身靠向他说：

"你有资格听到这些问题的答案。圣杯是那只盛着十字架上的耶稣的血的杯子。一个圣人，大家叫他亚利马太的约瑟，是他把圣杯带到了布列塔尼。在他死后，杯子就消失了。长枪曾刺伤过耶稣的侧腹。这把剑给了我痛苦的一击，就是它导致我瘫痪。而我正是圣杯的守护者。"

帕西瓦尔听着，相信他说的每一个字。

"还有一项考验等着你去完成，成功后，我才可以得到解放。"渔王严肃地补充道。

他命人拿来了那把断剑。帕西瓦尔没有说一句话，只是把手放在断开的两部分上，将它们合在一起，静静等待着。他没有感受到任何振动，眼睛却看到两部分慢慢合在了一起。这个年轻人终于将一把锃亮发光的剑交给了老国王。

"你提出了问题，你还修复好了剑。明天一到，我的王国将重新绿意盎然，花开满地，我的子民将传唱你的功绩。瞧啊！你治好了我的旧伤，让我得到了解放。"

老国王高兴得颤抖起来。他看上去似乎又年轻了一些。他起身穿过了大厅，仿佛从来没有受过任何伤。之后他又坐回帕西瓦尔的身边。

"现在重新穿上你的黑色盔甲，骑上你那匹白色的战马，回到亚瑟王的宫殿。向他讲述你的冒险，让他命人把你的经历写下来，因为不会有比这更加高贵传奇的故事了。在万圣节那天，带他一起回到我的城堡，他会为你加冕，你将接替我统治这里。我总算可以拥有我应得的安宁了。"

帕西瓦尔的回归让国王充满了喜悦和骄傲。骑士们也一个接着一个回到了圆桌，然而各个神情沮丧、疲惫不堪。他们清楚不会再有能与之匹敌的冒险了，他们没有被命运选中。兰斯洛特是最后一批回到卡美洛特城的人。他下定决心不再留在宫里，他要逼迫自己忘记王后。可是他没有料到再次见到她时，她依然如此美丽动人。他们的爱情又像过去一样点燃了。

就在这段时间里，一位名叫莫德雷德的骑士来到了国王身边。他是国王最年幼的外甥。莫德雷德有着惊人的美貌，但他身上散发着某种残忍狡诈的特质，就连他的美貌都无法遮掩。他喜欢到处散播关于自己身世的谣言，让人们以为亚瑟其实是他的亲生父亲：他的母亲莫尔加德是伊格莱因最小的女儿，是她在死前向他透露了这个秘密。但他从来不会在国王面前提起这件事，也没有人敢把如此诋毁名誉的传言上报给国王。很快，莫德雷德就和所有尖酸刻薄以及心怀不满的人结下了友谊。他诱导他们相信，只有一位潘德拉贡家族出生的年轻君主可以继续拯救王国。

没过多久，莫德雷德就发现了兰斯洛特和桂妮维亚的秘密。他的表兄阿格规文厌恶这位骑士和王后，便和莫德雷德一起设下了陷阱。这对情人在半夜里被抓了个

正着，兰斯洛特成功脱逃了，但桂妮维亚被下令活活烧死。临刑的那天，当她被绑在柴堆上时，兰斯洛特和他忠实的朋友们闯来解救了她。高汶和阿格规文共同的兄弟加赫里斯在混战中被杀。从这天起，高汶心里就滋生出一股无法平息的仇恨。

兰斯洛特把王后带到了他位于小布列塔尼的快乐城堡，亚瑟王率骑士们前去围攻。在快乐城堡前发生了一起战斗，亚瑟不慎摔下马鞍，跌倒在兰斯洛特的马下。兰斯洛特无视同伴们的**怂恿**（sǒng yǒng），赦免了自己的君主。

怂恿：鼓动、撺掇别人做某事。

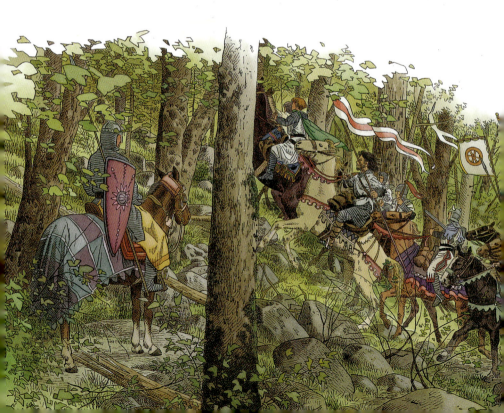

"无论我对心上人桂妮维亚的爱有多么炽热，我也永远不会犯下这样的罪行。我是国王的骑士，我发下誓言要保护他的性命，即使付出自己的生命。"

这天，高汶的头部受到了一击重创。

对城堡的围攻持续进行着，伤亡人数一直在增长。兰斯洛特前去和桂妮维亚谈话：

"我的女士，这场争执必须告一段落。您是王后，王国需要您。我会把您送回您的丈夫国王身边。"

"他会再一次判我死罪。"

"我会让他庄严发誓照顾好您，我保证。您会再次获得您的地位和应得的荣耀。"

"我们还会再次见面吗？"

"在这个世界，我无法向您保证这一点。但您是我的生命，我只为您而活，直到我咽下最后一口气。之后，另一世界会给予我们这个世界拒绝让我们拥有的幸福。"

亚瑟回到了布列塔尼岛。

他的至暗时刻降临了：一抵达都城，他就得知从罗马来的军队已经开始攻打勃艮第，威胁到了巴黎。亚瑟必须赶去支援自己的盟友。他带着最精锐的骑士们再次渡海；尽管十分虚弱，高汶依然乞求亚瑟让他加入最后的这场战斗。亚瑟做出了让步。莫德雷德的虚伪没有引起亚瑟王的怀疑，仍任命他为摄政王，并请他照顾好王后。

抗击罗马人的这场战斗将载入史册。亚瑟这方的士兵惊讶地发现，国王依然像年轻时一样热血沸腾，充满才干。但是胜利来之不易。高汶的伤情更加严重了，显然，他命不久矣。一个信使突然到来，带来了一封桂妮维亚的信。信中说，莫德雷德动用自己的权力，集结了大部分的人民和贵族，并与亚瑟的老对手——**撒克逊人**的国王结为盟友；他不仅强行**攫**（jué）**取**了权力，还企图强迫王后嫁给自己；王后逃到了伦敦塔中，但仍有性命之忧。

撒克逊人：在 4 世纪到 9 世纪之间，多次攻打布列塔尼岛的日耳曼部落。

攫取：掠夺。

战队：军队由不同的队伍组成，在战斗时，每支队伍都需要守在自己的岗位上，执行特定的任务。

"我的朋友们，我的骑士们，来自王国内部的不幸降临在我们身上，而我此前竟毫不知情。我们必须立刻返回布列塔尼岛。凯，你先前往小布列塔尼，在那里召集所有你能找到的忠义之士。伊万、贝狄威尔、吉尔莱特、萨格拉墨，你们从现在起开始组织**战队**。等待我们的这场战斗，比我们先前经历过的任何战争都要可怕残酷，因为我们将不得不迎战我们的兄弟和朋友。"

大家默不作声地听着国王的话。天空漆黑一片，他们登船时海面波涛汹涌。终于抵达布列塔尼岛时，水手和农民都大松一口气，满怀信心地迎接他们的到来。

"我们的国王没有像传言中的那样死去。他回来了，王者之剑依然在他身旁，没有什么可以击倒他。荣耀保佑我们的国王亚瑟！"

国王首先赶往伦敦解救王后，接着又带领军队向西进发。当国王回到自己曾经的都城温切斯特时，凯已带着忠心耿耿的布列塔尼人在那里等着与他会师。

他们进城还不到几个小时，高汶就遣人来寻找国王。

"我的叔叔，我马上就要离你们而去了，留下您一人对抗莫德雷德这恶魔是我最大的遗恨。我的叔叔，不要让愤怒从您身边夺走兰斯洛特。今天就派人去找他，只有他能确保您获得胜利。请您代我向他告别，并告诉他我对他的友谊。请向王后转达我的敬爱。请把我葬在卡美洛特城，让我和我的兄弟们在一起。永别了，我的国王，我马上就要断气了。"

他双手合十，闭上了眼睛，平静地死去了。

宣战

这不仅是国王的权力，也是所有封建领主解决私人恩怨的一种方式。这些矛盾冲突的根源往往是竞争关系、复仇，或为争夺领地的控制权而产生的。

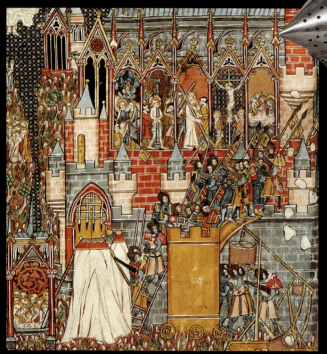

第一次十字军东征：占领耶路撒冷

战争

战争可以持续很长时间。冬天或者下雨天，人们不会进行战斗。大型的战斗则十分罕见，战士们往往会发动一些小型武装冲突、火力有限的攻击或是仅仅摧毁敌人的储备库。

黑太子爱德华

十字军东征

自 1095 年起，教皇就呼吁基督徒们前去从异教徒手中收复圣地。无论是普通男女、骑士、世俗人士还是神职人员、国王王后都纷纷上路，或是走陆地，或是走水路。

围城

持续时间包括几天到好几年。围攻者们会在城墙外驻扎，建造一些战争用的机器，如投石器或弹射器，用来摧毁防御的壁垒，让城墙坍塌。他们还会架起临时防御墙，并挖通战壕，保护自己不受城堡内一方的攻击。被围的一方则会用其他种类的发射器和弓箭回击。有时，他们会往攻城者头上倒松脂或燃烧的柴油。

1. 士兵登岸　2. 骑士的战斗　3. 建造壁垒　4. 被捕的妇女

"对城堡的围攻持续进行着，伤亡人数一直在增长。"

装备

包括锁子甲，或者链甲，还有用于保护头部的头盔。在锁子甲外，骑士还会穿上自己的盔甲。骑士们通常用长枪或剑进行战斗。有时他们也会在近身战中使用斧子和大型武器，并用盾牌保护自己。

剑

亚瑟之死

国王再次率兵带领自己的骑士们冲锋陷阵，莫德雷德的背叛让他重新尝到了战斗的滋味。不能让王国沦落在这种卑鄙之徒的手里。在最后几个月里，有不少大贵族归顺于莫德雷德，而战争的威胁让他们重新回到了国王一方，但亚瑟仍然因高汶的死而悲痛欲绝。他经常在梦里见到自己的外甥，每次高汶都会劝他不要在没有兰斯洛特援助的情况下去攻打莫德雷德，但是亚瑟无法下决心去向兰斯洛特求助。

每天都有令人不安的消息传来。莫德雷德控制了一处**要塞**，并伙同国王的敌人们一起去陌生的国度交结盟友。亚瑟的顾问们纷纷催促他开战，但这是一场让他无比担忧

要塞：有防御设施、壁垒和城壕的城市或者城堡。

的战斗。他的队伍人数落了下风，而他的骑士们也不再年轻。但国王周围的人仍坚持要出战。

"在我们过去经历的战斗中，即使我们以一敌百，命运也一直垂青我们。我们的勇气没有消失殆（dài）尽，

我们挥刀弄剑的身手犹在。"

但国王知道，自己最好的顾问现在正囚禁在布劳赛良德森林里。

终于，有情报显示莫德雷德在**索尔兹伯里平原**上

索尔兹伯里平原：位于今英格兰南部。

集结了军队，他打算从那里出发朝康沃尔进军，打败国王后再渡海前去占领小布列塔尼。亚瑟立刻传令，召来了大贵族们，向他们宣布作战计划。之后，国王的军队便朝着索尔兹伯里前进。

在夜幕降临时他们赶到了那里。亚瑟回想起自己刚登上王位时的岁月。那时，梅林带他登上了一座能俯瞰整个平原的小山丘，指给他看一块石头，上面刻着古老的文字：在这片平原上将展开致命一战，让王国陷入群龙无首之境。亚瑟那时年纪轻轻，心高气傲，并不知道这句预言交代了他的命运。

国王躺下休息，不好的预感让他焦躁不安。他没有找到王者之剑的剑鞘。剑鞘神奇般地从柜子里消失了。他梦见一位美丽的贵妇让他坐在一个巨大的轮子顶端，那是**命运之轮**。坐在上头，他将王国的全景尽收眼底。接着，那贵妇转动起轮子，国王发现自己正飞速向地面坠落，地上

命运之轮：转动轮子的贵妇人是命运女神的化身。

爬满了毒蛇和蝎子。他从梦中惊醒，并理解了其中的含义：他的统治将落下帷幕，明天他会身负重伤，倒地不起。此刻，他却感到内心十分平静。

"我会拼尽全力参与战斗，"他告诉自己，"就算是死，也没有什么大不了的，只要我在死之前，能将所有人从莫德雷德的手中解救出来就好了。"

太阳升起，照耀着对峙的两军人马。莫德雷德的一个信使突然赶来，提出休战请求，试图和平解决这次争端。国王、伊万和凯同意

前去平原中央，与莫德雷德及他手下的两名军官会面。在离开自己的营地前，亚瑟下令说：

"如果你们看到一把剑高举过头，这就意味着我们遭到了背叛。马上进攻。"

莫德雷德也下了同样的命令。

谈判开始了。亚瑟强忍着怒火，莫德雷德则表现得信心不足，并无获胜的把握：亚瑟王和他一样，部署了十支部队。有那么一瞬间，双方似乎看到了和解的希望。但太阳的热浪引来了一条毒蛇，它一路滑行至凯的脚边。出于本能，凯举剑想要砍死毒蛇。剑身在阳光下闪烁出寒光。两方军队都看到了他的举动。在一片野蛮的怒吼声中，成千上万的士兵互相朝对方冲去。命运之轮开始转动。

整整一天，两军接二连三地骑马冲锋。战马倒下，长枪断裂，战士们痛苦地哀号，之后再也发不出任何声响。威尔士人、苏格兰人、布列塔尼人在一场令人毛骨悚然的混战中**手足相残**。国王和他的骑士们四处奔波，重新修整队伍，不断率队赶往前线需要支援的地方。莫德雷德和他的军队也同样勇敢无畏。一天之内，诞生了数不胜数的功绩，但不会有人在圆桌上讲述这

手足相残：指杀害自己的兄弟。威尔士人、布列塔尼人、苏格兰人都属于凯尔特民族，彼此之间都是兄弟。

些故事了。傍晚时分，平原上一片死寂，遍地都是人和动物的尸体。落日的余晖在伤亡的士兵身上撒下染血的光芒，直至原野的尽头。亚瑟虽身负重伤，但依然坚持战斗。他终于找到了莫德雷德。这个年轻人摇摇晃晃地坐在马鞍上，盔甲沾满了血。两人各自策马朝对方冲去，手里紧握着长枪。亚瑟知道自己是为正义而战，这一信念让他的手臂突然充满了惊人的力量。他冲向莫德雷德，手中的长枪一下击穿了对方的盔甲、锁子甲和身体。当他把武器抽回时，耀眼的阳光透过伤口照射下来。莫德雷德意识到了自己的败北，在最后爆发出的怒火下，他

把剑刺向了国王，而刺中的那一刻他便断了气。鲜血从亚瑟身上喷涌而出，他瘫倒在了地上。

吉尔莱特赶紧跑到国王身边。

"帮我重新坐回马鞍，再把我带到海边。"他下令道。

两人在日落的霞光照耀下，离开了战场。

他们来到了一座小山岗，在一间礼拜堂的废墟中度过了夜晚。当太阳再次升起时，吉尔莱特发现国王早已醒来，只是面容苍白，仅剩下最后一点力气了。

"把我抬上我的马，我想到海边去。"国王发出微弱的声音。

他们在距离大海不远处的树丛下休息了好一会儿。当太阳再次落入地平线时，国王对吉尔莱特说：

"我大限将至。在我离开前，我还有一项使命需要完成，请替我完成这项任务。拿着我的王者之剑去找一片宁静幽深的湖水。待你找到后，把剑扔进水中，接着回来告诉我，你都看到了什么。"

吉尔莱特听从了国王的话。他在不远处发现了一片湖水。他把王者之剑握在手中，久久凝视着它：国王为什么要下一道这样的命令？怎么舍得把仙女赠送的宝剑扔进水里？吉尔莱特把剑放在草地上，骑马回到国王的身边。

"你把剑扔了吗？"

"是的。"

吉尔莱特生平第一次向国王撒谎。

"当你把剑扔进水里时，你看到了什么？"

"我看见阳光在湖面上闪烁。"

"你没有把剑扔下。必须服从我的命令，去吧，去
把王者之剑扔进水里。"

吉尔莱特再次策马离开。他来到湖边，仍然无法下
定决心遵从王命。于是，他拿起自己那把剑的剑鞘，振
臂一挥，把它扔进了湖中。

亚瑟又一次询问吉尔莱特：

"你把剑扔进水里时看到了什么？"

"我什么都没看见，湖面上只是吹过了一阵微风。"

"你还是没有把剑扔掉！为什么要这样折磨我？快
去履行我对你下的最后一道命令：把王者之剑扔进湖里。
去吧，不要为剑或者为我担忧。"

这位骑士又一次离开，来到了陡峭的河岸边，这一次
他没有丝毫犹豫，就把王者之剑高高举起抛进了水中。吉
尔莱特觉得周遭的一切仿佛都沉浸在一片寂静之中，而剑

以极其缓慢的速度往下坠落。当王者之剑马上就要碰到水面时，湖中伸出了一双女人的手臂，那水中仙女穿着白色的绸缎。剑落在张开的手中，一瞬间周围没有一丝风吹草动，接着这神奇的手臂三次将王者之剑在落日中举起，之后就消失在了水中。万籁俱寂，湖水宛如一面镜子波光粼粼。

吉尔莱特骑着马赶去找国王，惊恐不已地发现对方已经停止了呼吸。万里无云的天空突然离奇地下起了大雨，雨滴汇成了千道光芒。透过这倾盆大雨，吉尔莱特看见一艘雪白的帆船停靠在了国王的面前。九位贵妇人站立在船上，每位的脸上都裹着厚厚的白面纱。她们之中最高挑的那位独自站在船头。吉尔莱特认出了她——正如摩根之前所说的那样，她亲自前来迎接自己的弟弟，要把他带回阿瓦隆岛。

在漫天的大雨中，国王突然起身。他重新穿上了自己的盔甲，一手握住武器，另一手拉起缰绳，在白昼落幕时的奇幻光芒里向帆船骑去。摩根上前几步迎接他，一身戎装的亚瑟容光焕发地登上了船。女士们将他围住，船帆纷纷升起，船向着落日缓缓驶去。吉尔莱特的眼里噙满了泪水，用目光追随着仙女们耀眼夺目的船只，望着她们将亚瑟带往青春永驻之岛。

"摩根会在阿瓦隆岛上照看好他的，"吉尔莱特轻声说道，"就像湖中仙女会照管好王者之剑一样。布列塔尼人会等待自己的国王，因为总有一天他会回到我们身边。"

于是他骑上马转身离开了，途径亚瑟统治的所有王国，宣布**布列塔尼希望**的诞生。

布列塔尼希望：在中世纪，布列塔尼人、康沃尔人和威尔士人都坚信亚瑟王总有一天会重返人世，再次成为他们的国王。

古代奇幻

中世纪传承了古希腊、古罗马的文化遗产：大学会教授亚里士多德等古希腊哲人的思想和维吉尔等拉丁语诗人的作品。

奇幻

指超自然现象，可能以梦境、征兆、奇观、幻象等形式出现，往往会引起人们的惊诧、恐惧、好奇、兴趣，但人们有时无法解释其成因。

狩猎中的狄安娜

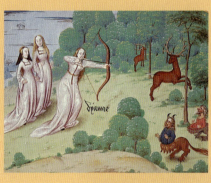

自然界

传说自然界中到处都是灵异生物（仙女、小精灵、巨人），一些传奇和民间故事把这些带有神秘色彩的传说保存了下来。

教师和学生

"这神奇的手臂三次将王者之剑在落日中举起……"

布列塔尼传说

源于阿摩里卡和大布列塔尼的传说，形成了特定的故事体系，包括一系列的人物和虚实交织的冒险。这些故事中，这个世界和另一世界的边界在不停地交合；另一世界的居民包括了仙女、鬼魂和各种神奇的动物。

动物和怪物

中世纪的动物寓言集里记录着各种神奇的生物：独角兽、狮鹫、龙、蛇怪……

神奇的动物

末日审判

艺术

在绘画、雕塑、挂毯中，都能发现数不胜数的神奇动物。教堂的门廊和石柱头上都雕有各种各样的海妖、狮鹫和蟒蛇的图案。在挂毯、壁画或者壁橱上，则绘有独角兽和野人。

旅行

在旅行中，人们必然会遇到种种离奇的事件，东方和印度的异域之旅尤其引人入胜。中世纪最负盛名的旅行叙事是威尼斯商人马可·波罗的游记。1271年，马可·波罗从威尼斯登船离岸，途径土耳其和伊朗，穿越帕米尔高原，最终抵达中国。回到威尼斯后，他把自己途中的冒险和见闻写成了《马可·波罗游记》（法语原名为《世界奇观》）。

商人们来到印度（《马可·波罗游记》中的插图）

亚瑟王传奇

亚瑟王传奇横空出世时，欧洲正处于一段和平且繁荣昌盛的时期，也就是今天众所周知的12世纪文艺复兴。诗人们用从拉丁语派生出的通用语言罗曼语，创作了这些打动人心的文学作品，以供人们消遣阅读。这种语言的名字也逐渐成了这些作品的统称：于是传奇（音译为"罗曼司"）就诞生了。

先驱们

1136年左右，一个威尔士修道士——蒙茅斯的杰弗里，用拉丁语撰写了《英国国王历史》，并在书中歌颂了亚瑟王的辉煌统治。这本书大获成功。大约1160年，来自泽西的罗伯特·魏斯把这部作品翻译成了罗曼语，并第一次提及了圆桌和布劳赛良德森林。与此同时，贝鲁尔则写下了悲剧《特里斯坦和伊索尔德》，这是凯尔特文化为欧洲文学做出的巨大贡献之一。之后，英格兰宫廷女诗人法兰西的玛丽把讲述了布列塔尼奇幻冒险的故事改编成"籁歌"，这是种篇幅短小的叙事诗，用于朗诵或歌唱。

克雷蒂安·德·特鲁瓦

关于这位作者，我们知之甚少，但正是他将亚瑟王传奇推向了新的高度。他一开始在香槟伯爵的宫廷任职，之后又为佛兰德伯爵效劳。他的传奇将虚构的亚瑟王宫廷设为故事背景，在这些作品中，恪（kè）守风雅礼仪的骑士们纷纷展开冒险与爱情之旅。继《特里斯坦和伊索尔德》以

三种源流

作者们基于各种故事、书本、古时流传下来的传说来创作传奇故事。这些故事的来源古老悠久，受到人们的追捧。其中一位作者——让·博德尔，把作家们汲取题材的源泉分为三大系：法国系（武功歌）、古罗马系（希腊拉丁文化的遗产）和布列塔尼系。布列塔尼系即后来发展出的布列塔尼传奇，把凯尔特神话中的故事集合在一起。具有传奇性的布列塔尼系如同一个宝库，为近五个世纪（12世纪至16世纪）的作家们提供了灵感的源泉。数不胜数的作者取用其中的人物、具有魔力的物品和奇妙的旅行编织自己的作品。

及圆桌骑士的系列冒险故事后，《圣杯传奇》为布列塔尼系带来了第三大主题。寻找圣杯之旅很快就成了亚瑟王文学的主要剧情之一。

亚瑟王传奇的飞速发展

在 12 世纪末，亚瑟王传奇的风潮席卷了全欧洲。这一潮流不仅仅局限在文学领域，绘画、雕塑、挂毯或金银器制品都见证了受过教育的欧洲大众对布列塔尼传奇的痴迷。1471 年，正因禁在狱中的托马斯·马洛礼用英语撰写了中世纪最后一部伟大的亚瑟王传奇，取名为《亚瑟王之死》。在这部作品中，他把不同时期的作家的作品融汇成了一部逻辑严密的完整作品。

作品的后世影响

在文艺复兴时期，随着印刷术的应用，亚瑟王传奇成了市民阶级的读物，之后，即便英国作曲家普赛尔在 17 世纪创作了歌剧《亚瑟王》，这类作品还是陷入了三个世纪之久的缄默期。随着浪漫主义的出现，亚瑟王主题重新受到了公众的追捧，在法国尤其在英国引起了热潮。小说家、诗人和画家纷纷赋予布列塔尼系以全新的视角。通过创作《罗恩格林》以及更具代表性的《帕西瓦尔》，理查德·瓦格纳成功将凯尔特传说和歌剧结合在一起。到了 20 世纪，电影也通过动态的表现方式，为这些取材于圆桌和圣杯传说的故事添上了浓墨重彩的一笔。

克雷蒂安·德·特鲁瓦的作品

他在 1170 年至 1190 年间，总共写下了五部诗体的亚瑟王传奇。其中包括《囚车骑士》，第一次出现湖上骑士兰斯洛特这个人物；《带狮子的骑士》，书中的故事发生在布劳赛良德森林；最后还有《圣杯的故事》，这是一部未完成的作品，成了文学史上永远让人遐想的谜团。

传奇的基督教化

约 1200 年，罗伯特·德·博龙写下了三部传奇：《约瑟夫》《帕西瓦尔》和《梅林》，然而流传至今的只有改编版本。他将故事基督教化，梅林成了恶魔之子，而圣杯则和"最后的晚餐"时耶稣使用的杯子合二为一。他把耶稣受难和圆桌冒险结合在了一起。

《王者之剑》海报

图片来源

10 左：开垦土地的修道士，12世纪格里高利一世所著《伯约记解说》中的装饰画，收藏于第戎市立图书馆ⓒ法国国立艺术史研究所

中：布劳赛良德森林ⓒ让－路易·勒穆瓦涅/比奥斯

右：鹿科和熊科，15世纪加斯东·菲比斯所著《狩猎书》中的装饰画，藏于巴黎法国国家图书馆

11 中：《巴尔拉姆与约瑟伐特的第四个寓言》，选自约1290年的《法语时辰书》，收藏于纽约皮尔庞特·摩根图书馆ⓒ法国国立艺术史研究所

下：狩猎图，亨利·德·费里耶尔所著《莫多尔国王和王后书》中的装饰画ⓒ巴黎法国国家图书馆

22 右：母亲和婴儿，1490年弗利维奥的圭多·博纳蒂所著《司法导言》中的彩饰画，藏于伦敦大英图书馆ⓒ布里奇曼艺术图书馆

中：手持球板的骑马孩童，尚波圣马丁教堂的神职祷告席ⓒ艺术图片公司/让·皮埃尔·迪蒙捷

右上：炉前谈话，14世纪《健康全书》中的彩绘画，藏于维也纳奥地利国家图书馆ⓒ阿里纳利摄影公司－法国国立艺术史研究所

下：修道士教孩子们读书，15世纪手抄本，藏于巴黎马扎然图书馆ⓒ让·维涅

23 中：马术课，14世纪《健康大全》中的彩饰画，藏于维也纳奥地利国家图书馆ⓒ阿里纳利摄影公司－法国国立艺术史研究所

32 中：查理五世加冕礼，14世纪装饰画，藏于大英博物馆ⓒ美国龙鹰传媒

下：占领城市，14世纪末《宣教第二旬》标题页，藏于波尔多市立图书馆ⓒ让·维涅

33 右：法国国王的正义之手杖，由圣路易赐予列日的多明我会修士，藏于巴黎罗浮宫博物馆ⓒ法国国家博物馆联合会

中：神圣罗马帝国王冠，10世纪，藏于维也纳艺术史博物馆ⓒ艺术图片公司/让·皮埃尔·迪蒙捷

右：法国国王登基时的佩剑，曾藏于圣德尼修道院，后藏于巴黎罗浮宫博物馆ⓒ法国国家博物馆联合会

42 左：理查二世的晚宴，15世纪《英格兰编年史》中的装饰画，藏于伦敦大英图书馆ⓒ布里奇曼艺术图书馆

下：绘有比武场景的柜子，15世纪法国家具，藏于巴黎克吕尼中世纪博物馆ⓒ法国国家博物馆联合会

右：加亚尔城堡鸟瞰图ⓒB.布夫莱/新诺曼底旅游公司

43 右：多佛尔城堡ⓒ欧亚报社/迪亚夫

中：贵夫人站在城堡主塔上等待自己的君主得胜归来，佩拉

塔利亚达城堡14世纪的壁画，藏于巴塞罗那加泰罗尼亚艺术博物馆ⓒ布里奇曼艺术图书馆

54 左：婚戒，14世纪中叶科尔马出土，藏于巴黎克吕尼中世纪博物馆ⓒ法国国家博物馆联合会

中：分娩，14世纪利尔的尼古拉斯所著《圣经注释》中的插图，藏于阿拉斯市立图书馆ⓒ让·维涅

下：纺纱女工，克雷蒂安·勒古埃著《教化版奥维德》中的彩饰画，藏于鲁昂市立图书馆

55 上：克里斯蒂·德·皮桑的著作《妇女城》中的装饰画，15世纪，藏于法国国家图书馆ⓒ美国龙鹰传媒

中间：婚礼场景，装饰画ⓒ法国国立艺术史研究所

右：埃莉诺和路易七世的婚礼，14世纪《圣丹尼斯编年史》中的装饰画，藏于尚蒂伊孔德博物馆ⓒ美

国龙鹰传媒

68 左：骑士册封仪式，《查士丁尼法典》中的装饰画，藏于梅斯市立图书馆◎艺术图片公司
下：14世纪的骑士，藏于佛罗伦萨巴杰罗美术馆◎斯卡拉
右：圆桌骑士们，沃尔特·梅普所著《寻找圣杯之旅及亚瑟王之死》中的彩饰画，藏于法国国家图书馆◎美国龙鹰传媒

69 上：比赛，英格兰的约翰·查隆和法国的路易·德·伯尔之间的比武，《王室手抄报》中的彩饰画，私人收藏◎布里奇曼艺术图书馆
右：骑士像，12世纪末，藏于科尔马恩特林登博物馆◎艺术图片公司/约翰·拉沃

80 上：中世纪的花园，帕利耶景区◎M.P.扎梅尔/比奥斯
中：在花园里的埃米莉亚，15世纪《勃艮第伯爵时辰书》中的彩饰画，藏于奥地

利国家图书馆◎布里奇曼艺术图书馆

81 上：为观众表演的吟游诗人，14世纪瓦蒂盖所著《寓言故事集》中的彩饰画，藏于巴黎阿瑟纳尔图书馆◎艺术图片公司/ADPC
中：吹长笛的女乐手，13世纪卡斯蒂利亚国王阿方索十世所著《圣母玛利亚颂歌集》中的装饰画，藏于马德里埃斯克里亚尔图书馆◎艺术图片公司/奥罗诺斯
下：一位与心上人告别的骑士，《路德诗篇》，藏于伦达大英博物馆◎艺术图片公司/奥罗诺斯

92 中：朝圣者们的聚餐，圣奥古斯丁所著《上帝之城》中的装饰画，藏于马孔市立图书馆◎让·维涅

93 左：主教的权杖，13世纪利穆赞工艺品，藏于巴黎克吕尼中世纪博物馆◎法国国家博物馆联合会
右：祭司的圣职授任礼，12世纪彩饰画，藏于

藏于大英博物馆◎美国龙鹰传媒
下：塞南克修道院◎E.瓦伦丁/华基图片社

104 中：占领耶路撒冷，第一次十字军东征，装饰画◎美国龙鹰传媒
上：轻头盔，约1380年至1400年法国样式，藏于巴黎克吕尼中世纪博物馆◎法国国家博物馆联合会
下：黑太子爱德华，藏于坎特伯雷大教堂◎布里奇曼艺术图书馆

105 上：14世纪蒂托·李维《宣教第一旬》标题页，描绘了士兵登岸、骑士的战斗、建造壁垒、被捕的妇女，藏于波尔多市立图书馆◎让·维涅
右：威廉·沃尔沃思的剑，1381年，藏于伦敦鱼贩大厅◎布里奇曼艺术图书馆

116 左：教师和学生，选自《英诺森四世教理评注》，藏于巴黎索邦图书馆◎

让·维涅
下：神奇的怪物，14世纪佛拉罗芒艺术，藏于巴黎罗浮宫博物馆◎法国国家博物馆联合会。
中：狩猎中的狄安娜，《爱情之饵书》，藏于法国国家图书馆◎法国国立艺术史研究所

117 上：雕刻末日审判的局部◎让·弗伊/法国国家历史古迹遗址基金会
下：商人们来到印度，出自15世纪《马可·波罗游记》，藏于法国国家图书馆

118：亚瑟王，13世纪雕塑，纽伦堡

119：电影《王者之剑》的海报◎英国电影学院剧照海报设计公司